붓다의 공중 부양 신경망
BUDDHA'S NEURONET FOR LEVITATION

천 개의 꽃잎을 가진 연꽃의 개화
OPENING THE LOTUS OF A THOUSAND PETALS

붓다의 공중 부양 신경망
천 개의 꽃잎을 가진 연꽃의 개화
BUDDHA'S NEURONET FOR LEVITATION
OPENING THE LOTUS OF A THOUSAND PETALS

개정판

Copyright © 2002, 2006 JZ Knight
표지 디자인: 카멜 바츠 Carmel Bartz

이 책의 한국어판 저작권과 판권은 람타 깨달음 학교와 유희준(유리타) 독점 계약으로 유희준이 소유하며 아이커넥에서 2014년에 출판합니다. 영문으로 되어 있는 람타의 가르침이 번역하는 과정에서 본의 아니게 람타가 의도하는 메시지와 다르게 전달되었을 수도 있습니다.

이 책은 저작권법에 의거하여 보호받는 저작물이므로, 저작권자인 JZK Publishing이나 JZK, Inc.의 서면 허가 없이 촬영이나 녹화 형태를 포함한 전자적 혹은 기계적인 수단 그리고 정보 저장과 정보 검색 시스템에 의한 방법까지 포괄하여, 어떤 형태나 어떤 방법으로도 무단 전재와 무단 복제를 금합니다.

이 책의 내용은 자기 테이프와 CD에 녹음/저장된 시리즈물, Ramtha Dialogues®에 기반하고 있으며, JZK, Inc.와 제이지 나이트의 허가를 받아, 미 연방 저작권법에 의해 등록되었습니다.

이 책은 1996년 3월 6일에 한 강의 '인간 갈등의 해결 The Resolve to Human Conflict'에서, Ramtha Dialogues®, 테이프 328.2, 붓다를 공중 부양시키는 신경망 The Neuronet to the Levitating buddha, 천 개의 꽃잎을 가진 꽃 Flower of 1000 Petals의 부분적인 구술 표기 transcription에 기초한 내용입니다. Copyright℗1996 JZ Knight.

Ramtha®, Ramtha Dialogues®, C&E®, Consciousness & Energy[SM], Fieldwork[SM], The Tank®, Blue Body®, Twilight®, Torsion Process[SM], Neighborhood Walk[SM], Create Your Day[SM], The Grid[SM] 그리고 Become a Remarkable Life[SM]은 JZ Knight의 등록 상표이자 법으로 보호받는 서비스 마크이므로, 허가 하에서만 사용할 수 있습니다.

붓다의 공중 부양 신경망
BUDDHA'S NEURONET FOR LEVITATION

펴 낸 날 : 2014년 4월 초판 1쇄
옮 긴 이 : 손민서
펴 낸 이 : 유기준
펴 낸 곳 : 아이커넥 www.iconnectbooks.com
등록번호 : 제 251-2011-036호
등록일지 : 2011년 6월 1일
주   소 : 경기도 용인시 수지구 수지로 41, 101동 1503호(상현동, 현대프레미오)
전   화 : 031-263-3591
팩   스 : 031-263-3596
인   쇄 : 삼영애드컴 02-2267-7002
홈페이지 : www.rsekorea.com
ISBN : 978-89-966710-4-6
판매정가 : 12,000원

잘못 만들어진 책은 구매하신 서점에서 교환해 드립니다.
이 책을 무단 복사, 복제, 전재하는 것은 저작권법에 위반됩니다.
이 도서의 국립중앙도서관 출판시도서목록(CIP)은 서지정보유통지원시스템
홈페이지(http://seoji.nl.go.kr)와 국가자료공동목록시스템(http://www.nl.go.kr/kolisnet)에서
이용하실 수 있습니다.
(CIP제어번호 : CIP2014010435)

파이어 사이드 시리즈는 람타의 가르침을 사랑하며 위대한 작업을 실천하고 있는 모든 학생들을 위해 만들어진 것입니다.

이 책을 공부하고 숙고하기 위해 이상적인 학습 환경을 만들 것을 제안합니다.

책을 읽기 전에 벽난로에 불을 지피고 편안하게 자리를 잡으십시오.
열린 마음으로 배우고 천재가 되십시오.

감수자의 말

인류 역사에 길이 남을 람타 최고의 명강의들을 책으로 접할 수 있는 파이어 사이드 시리즈, 그 중 〈붓다의 공중 부양 신경망〉이 그 두 번째로 출간하게 되었습니다. 이 세상에 출현한 이후 지난 38년간, 람타는 수많은 사람들을 가르쳐 왔습니다. 이에 람타 깨달음 학교는 람타 가르침의 오염을 철저히 방지하기 위해 모두 녹음/녹화의 형태로 보존하고 있습니다.

이러한 람타의 명강의들로 구성된 파이어 사이드 시리즈는 '위대한 작업'을 하고 있고 람타의 가르침에 익숙한 사람들이 지속적으로 학습할 수 있는 도구입니다. 따라서 람타 가르침을 처음 접하는 분들에게 파이어 사이드 시리즈는 난해한 내용과 낯선 용어들로 상당히 어렵게 다가올 것이라 사료됩니다. 그래서 저는 아이커넥에서 출간한 〈람타 화이트 북〉과 〈람타 현실 창조를 위한 입문서〉를 먼저 읽어 보실 것을 강력하게 추천합니다.

나아가 람타 가르침과 삶에 적용 가능한 훈련법을 체계적으로 학습하기를 원할 경우, 한국을 비롯한 전 세계 오프라인 이벤트www.ramtha.com 나 실시간 스트리밍과 온디맨드를 포함한 온라인 이벤트를 www.ramtha.tv에서 참가하실 수 있습니다.

비록 내용이 어렵다 하더라도 여러 번 반복해서 읽고 이해하고 삶에 적용한다면, 여러분은 반드시 여러분만의 진리를 얻고 진정한 깨달음에 이를 수 있을 것입니다. 파이어 사이드 시리즈는 그만큼 강력하고 심오한 내용이 녹아 들어 있는 책입니다.

이 강력한 람타의 가르침이 여러분의 가슴에, 여러분의 혼에 안착하기를 간절히 바랍니다. 이 책이 여러분의 영적 여정에 찬란한 빛이 될 것임을 저는 믿어 의심치 않습니다.

2014년 3월
람타의 5월 한국 방문을 앞두고,
람타 깨달음 학교 한국 코디네이터 유리타
www.yulitayoo.com

개정판 서문

파이어 사이드 시리즈는 가장 인기 있고 흥미로운 람타의 가르침들을 골라 엮은 단행본으로, 계속 간행되는 총서입니다. 이러한 단행본 간행은 '위대한 작업'을 하고 있고 람타의 가르침을 사랑하는 모든 학생들을 위해 만들어졌을 뿐만 아니라, 람타 깨달음 학교 학생들과 더불어 람타의 가르침에 친숙하거나 관심 있는 사람들이 람타 가르침을 지속적으로 학습할 수 있는 도구로 만들어졌습니다.

람타는 현실의 본질에 대한 설명과 여러 가지 다양한 훈련을 통한 실질적 적용에 관하여, 약 40년간 꾸준하고 체계적으로 깊이와 폭을 넓혀 왔습니다. 우리는 파이어 사이드 시리즈 독자들을 람타 깨달음 학교에서 실시하는 비기닝 이벤트나 워크숍에 참여하였거나, 적어도 람타가 처음 입문하는 학생들에게 가르치는 내용에 친숙한 사람들로 간주합니다. 람타의 기본적인 가르침에 관한 것은 〈람타, 현실 창조를 위한 입문서〉(아이커넥 출판 2012년 6월)를 참고하시기 바랍니다.

파이어 사이드 시리즈 후미에 독자의 이해를 돕고자 람타가 사용하는 기본 개념에 대한 용어 해설을 첨부하였습니다. 또한 이 내용에 익숙하지 않은 독자들을 위해 이 모든 일이 어떻게 시작되었는지를 해설한 람타에 대한 제이지 나이트의 짧은 소개도 덧붙였습니다. 즐겁게 읽고 숙고하시기 바랍니다.

람타에 의해 전달되는 메시지의 진실성을 유지하고, 독자들이 람타 앞에서 직접 가르침을 받는 것처럼 하기 위해 되도록이면 람타가 사용한 말들을 그대로 옮겼습니다. 부정확하거나 이상하게 보이는 문장이나 어휘가 있다면, 그 말의 숨은 의미를 파악하려고 노력하면서 다시 한번 읽어보시기 바랍니다. 또한 명확성을 위해서 JZK Publishing의 자회사인 JZK, Inc에서 출간된 원서 〈BUDDHA'S NEURONET FOR LEVITATION〉를 읽으시기 바랍니다. 당신에게 행운을 빕니다. 즐겁게 읽으십시오.

---람타 깨달음 학교(RSE) 편집인

차 례

일러두기	12
두뇌 내 의식의 국지적局地的 상태	13
당신의 삶이라는 불후의 궁전, 그리고 그 궁전을 지을 건축 자재들	21
생각의 신경 생물학	31
공중 부양 - 공진 장共振場the Resonant Field의 변화	35
공중 부양하는 붓다와 연꽃의 숨겨진 상징성	45
생존이 진화가 아니라 우리의 동기일 때	57
원하지 않는 감정의 신경 경로 플러그 뽑기	64
우리의 감정체를 정복하고, 우리 자신을 정복하기	66
마스터의 도덕적 의무: 지식을 적용하여 실천하기	71
맺음말 메타그램 – 두뇌의 비밀 언어	77
에필로그 – 제이지 나이트의 '이 모든 일이 어떻게 시작되었나'	83

용어 해설   93

그림 해설   109
    [그림 A] 인간의 육체에 있는 7가지 의식 차원   111
    [그림 B] 의식과 에너지의 7가지 단계   112
    [그림 C] 두뇌   112
    [그림 D] 분리된 마음 – 이미지로 사는 것   113
    [그림 E] 하나된 마음 – 지금 이 순간에 사는 것   114
    [그림 F] 관찰자 효과와 신경 세포   115
    [그림 G] 세포 생물학과 사고 연결   116

본문 내 그림 목록
    [그림 1] 신경 세포 연결   31
    [그림 2] 뉴런 점화 및 시냅스 틈새   32
    [그림 3] 주파수 변화 차트   37
    [그림 4] 신묘장구대다라니MANTRA OF AVALOKITESHVARA   53
                 옴마니 반메훔OM MANI PADME HUM
                 –보라, 연꽃 속의 보석을.

일러두기

1. 람타는 자신의 메시지를 전달할 때, 두뇌에서 뉴런이 점화되어 신경학적인 이미지가 일어나도록 단어를 신중하게 선택합니다. 이러한 람타의 의도를 고려하여 독자들에게도 같은 반응이 일어나도록 그의 가르침을 가능한 한 그대로 번역하였습니다. 이 같은 이유로 본문을 읽다 보면, 쉼표가 많이 나오는 것을 볼 수 있습니다. 이 책을 읽을 때 쉼표가 나오면 잠시 멈추고, 방금 읽은 단어나 문장이 두뇌에서 점화되도록 충분한 시간을 갖기 바랍니다.

2. 부록으로 '용어해설'을 첨부하였습니다. 람타의 가르침에서는 우리에게 익숙하지 않은 새로운 용어나 어휘들이 많이 사용됩니다. 그 때마다 용어 해설을 참고하면 용어의 의미는 물론 가르침을 이해하는 데 많은 도움이 될 것입니다.

3. 또 다른 부록으로 람타 깨달음 학교에서 사용하는 그림들을 모아 놓은 '그림 해설'을 수록하였습니다. 책이나 용어 해설을 읽을 때 그림을 보면 많은 도움이 될 것입니다.

---옮긴이

두뇌 내 의식의 국지적局地的 상태

안녕하십니까, 아름다운 나의 마스터들이여. 내 존재의 주 하느님으로부터 당신 존재의 주 하느님께 경의를 표합니다.

오 나의 사랑하는 영이시여,
거룩한 자여,
당신의 왕국과
당신의 전능한 힘,
오 나의 사랑하는 영이시여,
나는 당신에게 내 작은 혼을
맡깁니다.
당신은 나의 운명을 다시 바꾸고,
다시 생각합니다.
오 나의 사랑하는 영이시여,
창조되어 지금까지
내 삶에 항상 머무르니,
이는 내가 당신에게 바라는 바입니다.
그러할 지어다.

우리가 두뇌를 없어서는 안 될 필수 부위들로서 논의했을 때, 당신은 각 부위가 하나의 다른 의식 상태state of consciousness와 순응-順應accommodate하고 있다는 생각이 들지 않았나? 논리적이지 않은가, 이 말이? 두뇌가 하는 일이 기껏 프리미엄 휘발유로 작동하는 것뿐이라면, 모두 이렇게 각각 서로 다른 기능을 가진 이 거대하고 훌륭한 유기체를, 우리는 도대체 왜 가지고 있겠는가? 두뇌가 모든 것을 작동할 수 있다면? 두뇌의 각 영역이 의식의 특정 영역에 특별히 동조tune되어 있다면? 예를 들어보겠다. 선천적으로 사이킥 능력이 뛰어난 사람들은 그들의 중뇌를 이용해 그 능력을 발휘하는데, 여기서 흥미로운 점은, 그들이 평상시에 하는 일상적인 활동들은 자신들의 옐로 브레인yellow brain 즉 신피질neocortex을 이용해서 한다는 점이다. 그들이 설거지 -현재 습관이 되어 그 일을 하는 데 거의 주의를 기울이지 않는 그런 일상적인 과제- 처럼 지루하고 일상적인 일을 시작할 때는 그렇지 않았다가, 그들이 그 일을 하고 있는 동안 자동으로 돌아가고 있던 옐로 브레인에서 중뇌midbrain로 갑자기 전환한다. 그들은 대부분 평범하게 누구나 하는 일을 하고 있을 때, 느닷없이 너무도 비상한 정보를 얻는다. 당신은 사이킥 능력자이자 동시에, 집중력 있는 지성인이 될 수 없다. 이 둘은 절대로 양립할 수 없다.

타고난 사이킥 능력자들은 보는 사람 입장에서는 약간 혼돈에 빠진 것처럼 보이고 거의 위선자처럼 보인다. 그들이 옐로 브레인을 사용하면 그들은 발을 헛디디고, 확실한 것도 대답을 못하고, 로또에 응모해도 당첨되지 않기 때문이다. 하나의 역설이다, 그렇지 않나? 그들은 절대로 당첨되지 않는다. 하지만 그들은 하나의 의식 상태로 갑자기 전환할 수 있고, 아주 아주 비상한 것들을 안다. 왜 그들은 일관적이지 않을까? 그것은 그들 두뇌의 각기 서로 다른 영역에 대해 학습한 적이 없어서이다. 그래서이다. 그들은 의식 상태가 어떻게 가속되는지 모른다. 아무도 모른다. 당신이 하듯 그들이 매일 겪는 삶을 잘 하려고 신중을 기하면 어떤 일이 일어날까? 그리고 그들이 그 능력을 사용하려고 노력할 때, 그 때 두뇌의 어떤 부위로 그 능력을 사용하려고 애쓰고 있을까? 옐로 브레인, 바로 신피질이다. 옐로 브레인에 순응하는 의식의 흐름과 중뇌에 순응하는 의식의 흐름이 같을까? 아니, 그렇지 않다.

이는 비상한 능력을 가진 이 평범한 사람이 일상적인 상황에서 그 능력을 유지하는 법을 한 번도 배운 적이 없다는 뜻이다. 말 그대로 그들은 그렇게 할 수가 없다. 어떻게 미래에서 설거지를 하나? 다시 말해서 그들이 하루 종일 중뇌를 사용하여 그들의 일상 과제를 처리한다면, 그들이 창조할 것은 무엇보다도 지루하고 무엇보다도 쓸모 없는 미래이다. 즉 그들이 중뇌에 집중하여 하이 밴드high-band 적외선 차원에서 설거지를 하고, 청소기를 돌리고, 구멍만 덩그런 화장실을 청소하고 있으면, 바로 그것이 그들이 미래 2주 동안 하고 있는 일이 될 것이기 때문이다.

타고난 능력의 소유자들의 역설적인 행동에 대해선 할 이야기가 많다. 그들이 시험이라는 과업을 치르게 되면, 거의 항상 실패하고 만다. 그들이 치러야 할 시험은 옐로 브레인을 사용해야 하는 시험이고, 옐로 브레인은 중뇌가 발휘하는 능력이 없기 때문인데, 의심 많은 사람들은 몰려와 이 사람은 사기꾼이라고 말한다. 하지만 그들이 엄청난 양의 지식을 가지고 있고, 훈련된 상태고, 다른 의식의 상태로 전환하는 법을 학습했다면, 그들은 명령에 따라 그 때 실제로 중뇌로 전환했을 것이고, 그 상태에서는 시험에 실패하지도 않았을 것이다. 그러나 그런 처지에 놓인 상태-즉 한 번도 계발된 적이 없어 영적으로 약해져 있는 상태-에서 느끼는 공포와 위협으로 인해 그들은 항상 웃음거리, 조롱거리가 된다. 반면 나는, 어느 날 당신이 MIT[1]의 가장 호된 시험에 통과할 것이라 기대한다. 당신은 의식의 상태 간에 있는 상이함을 배울 것이고, 그래서 당신이 의식의 상태들 간 이동을 하게 되면, 그 흐름은 당신과 함께 하고, 당신이 그 흐름에서 옮겨 나오는 순간에는, 당신이 그 흐름으로부터 옮겨 나온 그 순간을 당신이 느끼게 될 것이다.

필드 워크Fieldwork℠를 하며 보이드Void에 집중하는 것[2]이, 단순히 펜스에 있는 당신 카드를 찾는 것을 배우는 것보다 훨씬 더 훌륭하게 훈련을 적용하는 것이다. 더욱 훌륭하게 훈련을 적용한다는 것은, 변경된 의식의 상태들을 규명하고, 그 의식의 상태에 접근할 수 있는 법을 배우고 있다는 말이다.

뇌과학에서 말하길, 두뇌의 각기 다른 부위들은 각각 다른 주파수로 기록된다고 한다. 두뇌가 주파수를 옮기는 상태는 알파, 베타, 세타, 델타이다. 이는 다소 과학에 반하는 것이나, 당신이 배운 것을 두뇌의 서로 다른 영역에 적용하여 그 지도를 그린다면, 당신은 왜 내가 주파수를 이런 순서로 말했는지 이해할 수 있을 것이다.

가령 석기 시대 과학기술이 미개한 자원으로 뇌파 활동을 측정할 수 있다면, 두뇌가 일종의 기어 장치로 작동하고 있음을 당신에게 말해 주었을 것

---

1 1865년 미국 메사추세츠, 캠브리지에 설립된 메사추세츠 공과 대학. 세계적 명성의 이 대학은 선두적인 과학적 연구로 유명하다. MIT는 교수법의 하나로 실험실을 들여 왔던 최초의 학교 중의 하나였다.
2 람타가 고안하여 가르치는 위대한 작업에 해당하는 훈련들을 말한다.

이다. 당신이 기어를 바꾸면 주파수도 바뀌는 이유는, 의식의 흐름에 순응하고 있기 때문이다. 이것은 우리가 기존에 알고 있는 과학이 아니다. 우리가 아는 과학은 두뇌를 의식의 유일한 창조자로 포함하기를 원한다. 그들은 의식이 무엇인지, 마음이 무엇인지, 두뇌는 무엇인지 혼란스러워 하는데, 두뇌는 이 모든 현상에 힘을 싣는 역할을 한다. 현대 과학에서 두뇌로 흐르는 의식의 흐름에 차원들이 있고, 두뇌는 본질적으로 수신/송신기라는 개념이, 왜 두뇌가 그것이 진동하는 주파수에 맞춰진 형태로 행동하는지를 이해하는 데 큰 도움이 되었다. 그들이 실제로 증명할 수 없음에도 불구하고, 사실상 그것을 수용할 만큼 충분히 용기를 가진다면, 너무나도 많은 인간의 고통을 설명하는데 도움을 줄 것이다.

당신의 삶이라는 불후의 궁전,
그리고 그 궁전을 지을 건축 자재들

옐로 브레인은 선물이자 저주이다. 이것이 선물인 이유는, 그것이 쓰이지 못하고 당신 안에 고요히 잠들어 있는 거대한 영역이기 때문이다. 당신은 자신의 두뇌를 10분의 1도 채 못 쓰고 있다. 그러면 그 나머지 부분에는 어떤 일이 일어나고 있나? 여보세요, 안에 누구 없나요? 진화는 당신이 그것을 쓰지 않으면 그것이 사라지고 잃는다는 식의 태도를 지니고 있다. 예를 들면 당신 새끼 발가락에는 어떤 일이 있었나? 거기에 다른 발가락이 있었다. 그리고 예전보다 체모가 적어진 이유는 뭘까? 진화는 환경과 그것에 대한 당신의 태도가 유기체 내의 생물학적 변화를 좌우한다고 말한다. 그렇다면 왜? 당신은 왜 그 큰 두뇌를 아직도 잃지 않았을까? 당신은 뇌를 10분의 1도 채 쓰지 않는데, 왜 당신은 아직도 그 큰 두뇌를 가지고 있나? 물론 얼굴도 달려있어야 하고 거기서 머리카락도 자라야 하지만, 그게 아니라면 큰 두뇌는 귀찮은 짐임이 분명하다. 옐로 브레인은 몸의 서로 다른 고유한 영역의 각 기능을 담당할 뿐만 아니라, 임차, 임대 가능한 어마어마한 크기의 사무 공간까지 가지고 있기 때문에, 제대로만 사용하면 옐로 브레인은 당신에게 궁극적인 신을 꺼내 보여 줄 것이다. 이는 옐로 브레인이 당신 몸에 있는 여러 신체기관 중에서도 자료, 즉 지식을 수집하는 기관이기 때문이다.

옐로 브레인은 입력 준비가 완료된 거대한 컴퓨터로서 그 자리에 있다. 그래서 그 입력된 정보를 저장할 수 있다. 옐로 브레인은 가장 위대한 보물,

즉 중뇌 위에 이미 자리 잡고 있다. 중뇌는 이미 발달된 것 말고 또 더 나아질 것이 전혀 없다. 더 이상 될 수 없을 정도로 이미 최고이다. 황색 왕좌엘로 브레인는 앞으로 창조될, 가장 엄청난 자원 위에 자리잡고 있다. 그리고 그 곳에 더 많은 기억이 살 거처를 제공하기 위해 그 곳에 자리잡고 있다. 그렇게 해야 하는 이유는, 당신이 모든 것에 대해 더 많은 지식을 가지고 있을수록, 그 지식으로 새로운 패러다임과 새로운 사고思考 모델들을 구축해야 할 때, 보다 훌륭한 신경 연계/접속망을 만들 수 있기 때문이다. 그러한 새로운 사고 모델 구축이 바로 미래 현실lifetime을 창조하는 작업이다.

만약 당신이 지식을 받아들이고 모으지 않는다면, 당신은 힘을 잃고 빈약해질 것이다. 지식을, 위대한 건축가가 필요로 하는 건축 자재와 도구라 생각하라. 그 위대한 건축가는 중뇌와 그 아래 소뇌cerebellum를 말한다. 그 위대한 건축가는, 어마어마하게 신성한 역사적인 기념물-당신 삶-에 비유하고 있는, 바로 그, 당신의 삶을 위해 으리으리한 대성당을 짓고 싶어한다. 그러면 그 위대한 건축가는 쥐떼들이 돌아다니고 거미줄이 치렁치렁한 위층의 자료저장실엘로우브레인로 올라간다. 지금 그는 설계도를 가지고 있어 그것을 보며, 어떤 건축 재료들이 있는지 살피기 위해 애쓰고 있다. 그래서 그가 찾는 것은 뭘까?

당신은 어떤 것에 대해 얼마나 많이 알고 있나? 다시 말해서, 하나의 신이 거대한 퍼즐-이 부분에서 조금, 저 부분에서도 조금 가져와 맞추는-을 맞추는 것처럼 지식을 끌어다 쓸 수 있는 이 곳엘로 브레인에, 당신이 가진 어떤 종류의 지식이 꽂꽂이 자리잡고 있나? 거대한 퍼즐조각을 맞추듯 지식을 끌어다 놓으면 훌륭한 궁전의 기초를 깔기 시작한 것이다. 당신이 필요한 모든 것이 거기에 다 있다. 그러면 이제 이 신은 기초 공사를 시작하고 성당을 세우기 시작한다. 어떤 건축 재료가 필요할까? 그 곳엘로 브레인은 틀림없이 풍부한 석재와 대리석, 설화석고가 나오는 풍성한 채석장이어야 할 것이고, 신은 이 아름다운 곳당신 삶을 건설하는 데 필요한 모든 것을 그 곳에서 채굴할 것이다.

그럼 이제 석회석, 설화석고, 대리석 대신 다양한 지식으로 대체하여 이야기해 보자. 당신은 양자 역학quantum mechanics에 대한 지식을 얼마나 갖고 있나? 아원자 장subatomic fields에 대한 지식은 또 얼마나 많이 갖고 있나? 그렇지 않으면 혹 거기에 관심 가진 적은 있었나? 아원자 장은 모든 생명의 보이지 않는 기초이다. 아원자 장은, 입자들이자 에너지이고, 또한 어떻게 물질이 관찰자Observer를 통해 결합하여 생기는지를 설명해준다. 당신은 아원자 장에 대해 얼마나 알고 있나? 만약 잘 모른다면 그 때 일어날 일은, 가능성 있는 도구들에 즉각적이고 직접적으로 접근하라고 부추기는 힘이 그 순간에 제거되는 것이다. 왜냐하면 건축에 필요한 모든 도구들이 나오는 원천은 아원자 영역이 될 것이기 때문이다. 만약 아원자 장에 대해 당신이 전혀 모른다면, 그러면 그것아원자 장은 당신의 취약한 곳이 될 것이고, 당신은 채굴을 할 수도 없다. 그리고는 어떻게 될까? 당신은 "이런, 나한텐 아무것도 없군요." 이렇게 말할 것이다.

"그럼 숨어 있는 진정한 너의 천재성이 부활할 미래를 우리가 너한테 줄 거라는 걸 어떻게 기대를 해?" "네 두뇌 안에 수용 능력도 갖고 있지 않고, 그것을 만들어 낼 건축 자재도 없는데, 어떻게 우리가 너한테 어마어마하게 멋진 삶을 주지?" 당신의 신은 당신에게 이렇게 말할 것이다.

"그래요, 난 그런 건 갖고 있지 않아요. 하지만 여기서 관계에 대해선 연구를 좀 많이 했죠. 나는 문 밖에다가 둘 남자, 여자들의 조각상을 어떻게 만드는 지는 알아요." 당신은 이렇게 말할 수도 있다.
"저것 말인가?"
"음, 저거예요."

물리학에 관해서 얼마나 아는가? 물리학이 아무리 지루하게 느껴지더라도, 당신이 원하는 소망이 어떤 것이든 그것을 만드는 데 꼭 필요한 긴요한 재료가 물리학이라면, 이제 당신이 그것을 배워야 할 때라고 생각하지 않나? 모든 수학은 그것이 무엇인지 설명하기 위한 언어이므로 당신이 수학자가 되어야 하는 건 아니다.

그러면 다음 번에 만나, 내가 당신에게 '우리는 당신 과거를 소멸시킬 것이다'라고 말하면, 당신은 나를 똑바로 쳐다보고 내가 무슨 말을 하고 있는지를 정확하게 알 것이다. 당신에게 과거라는 것은, 당신의 현재와 지금 겪고 있는 삶이 계속 결합하도록 해주는 당신 두뇌 속, 이 곳엘로 브레인에 자리잡고 있는 신경망neuronet 모델들이다. 죄책감, 수치심, 무능함, 당신이 어려움을 겪고 있는 이 모든 것들은, 바로 지금 당신 삶과 당신 삶 속에 있는 사람들을 철저하게 현 상태로 유지시킨다. 그래서, 내가 당신에게 '우리는 당신 과거를 바꾸고 과거를 소멸시킬 것'이라고 말하면, 당신은 내가 '우리가 과거 신경망의 플러그를 뽑아버릴 것이고, 과거가 주는 지혜의 모든 원천을 비축할 거'라고 말하고 있다는 것을 알 것이다. 우리는 과거의 플러그를 뽑아, 그것 즉 과거가 소멸되도록 할 것이다.

당신이 총체적으로 수용함으로써 직접 보게 될 것은, 당신 삶 속의 이 모든 사람들, 당신 삶 속의 이 모든 문제들, 당신 삶 속에 있는 이 모든 불완전함들을 결합하고 있는 에너지 패턴들이다. 당신은 관찰자가 신경망의 프로그램을 지우는 그 순간, 당신을 둘러싼 세계 전체가 분리되어 사라지는 것을 알게 될 것이다. 당신은 입자 과학의 양자 장이 어떻게 돌아가는지 이해했을 것이므로, 당신은 그것을 알 것이다. 그러면 당신은 나를 쳐다보며 말할 것이다. "나는 준비됐습니다. 그렇게 되었습니다So Be It." 그런데 당신이 그걸 모른다면 당신은 이렇게 말하겠지. "음, 난 당신을 믿었어요." 나를 믿는다고? 왜 당신은 그러고 싶나? 왜 당신은 자기 자신을 믿으려고 하지 않지? 난 당신을 가르치는 선생이다. 왜 내가 당신이 믿는 믿음의 부담까지 짊어져야 하나? 당신이 그것을 짊어져야 한다고 생각하지 않나? 바야흐로, 그것이 신이 되는 것이다.

내가 당신 과거를 소멸시킬 것이라고 말했고, 당신은 이 장이 어떻게 작용하는지에 대해서는 아무것도 모른다면, 당신한테 어떤 일이 일어날 것인지 당신은 알까? 당신 신경망에서 두려움, 무언가를 잃는 것에 대한 두려움이 생길 것이다. 그 두려움은 혼란을 야기시키고, 당신이 당신 무의식 속에 있는 당신 태도를 더욱 단단히 붙잡도록 만든다. 그리고 그것에 포커스를 하면 어떻게 될까? 그것들은 여러 날에 걸쳐 당신 머리 속에서 주로 하는 생각이 되고, 당신은 그것들에 대해 생각하는 것을 멈출 수 없다. 당신은 울부짖기 시작하고, 걱정하고, 이를 갈고, 손톱이 다 없어지도록 물어뜯을 것이다. 그리고 당신은 당신 마을 전체를 괴롭히고 들볶을 것이다. 당신들이 그러고 있는 걸, 나는 늘 본다.

생존의 밑바닥에 있는 건 두려움 아닌가? 심지어 가장 궁핍하고 비참한 사람들, 맹세컨대 가장 궁핍하고 비참한 사람들조차도 그러하다. 그들은 비참하게 살아가지만 당신이 "내가 당신 과거를 완전히 소멸시켜 없애주겠다"라고 말하는 바로 그날, 그들은 당신을 죽일 것이다.

그들이 말한다. "나는 섭식 장애가 있어요."
"그래? 그런데 왜 당신은 내가 당신에게 러너runner를 보내 섭식 장애의 플러그를 뽑아버리도록 하지 않지?" 그들은 당신을 싫어한다. 그들은 플러그를 뽑고 싶어하지 않는다. 그들은 섭식 장애를 떠벌리고 싶은 것뿐이다.

그래서 우리가 아무리 그들 삶의 문제에 대한 해답을 갖고 있어도, 또 우리가 그것을 바로 잡는 법에 대한 놀라운 지혜를 갖고 있어도, 그 비참한 사람들은 자신이 모르는 것을 선택하기보다는 비참함을 선택한다. 그들은 고통을 없애기보다 슬픔을 선호한다. 그것이 그 자리에 머무를 수 있는 유일한 길이기 때문에, 어떤 특정 상황이나 위치에서 옴짝달싹 못하건 말건, 그들은 그들 삶에 있는 모든 것들을 바꾸려고 정말 열심히 노력한다. 그들은 식탁 위에 깐 초라한 담요 위에서 고통을 이리저리 옮기며, 그것들을 이렇게 바꿔보고 저렇게 바꿔보는 것을 연습할 테고, 그리고는 자신들의 태도는 그대로 고수한 채, 이쪽으로 고통의 자리만 옮겨 놓고서는 이렇게 말한다. "거기가 훨씬 낫네요." 태도는 여전히 그대로이다. 그들은 고통을 옮겼던 것이지, 없앤 것이 아니다.

당신들이 정말로 초의식의 마스터가 될 생각이면, 당신들은 시간의 마스터가 되어야 한다. 그 말은 당신 과거의 짐에 대해서도 마스터가 되어야 한다는 뜻이다. 왜냐하면 과거는 한번도 갈아 입은 적이 없는, 그러면서도 왜 항상 나쁜 냄새가 나는지 의문스러워하며 입고 있는, 당신의 낡은 옷과 같다. 당신 과거는 그 나쁜 냄새를 더 보태고, 당신은 그 옷을 갈수록 두껍게 입는다.

당신의 옐로 브레인이 당신을 위해 새로운 미래를 창조해야 한다면, 그 창조를 해낼 자원이 필요하다. 옐로 브레인은 자료실이 지식으로 가득 채워지길 기다리는 거대한 빈 사무공간이다. 당신은 반드시 양자 역학을 공부해야 한다. 그렇게 하라. 당신은 외국어를 배워야 한다. 당신의 좌뇌와 우뇌를 동시에 발달시켜 줄 것이므로, 악기 다루는 법도 배워야 한다. 당신은 뇌에 대해, 세포에 대해, 호르몬에 대해 배울 수 있는 만큼 많이 배워야 한다. 당신이 모르는 것, 그것을 읽고 찾고 노트 필기를 하며 배워라. 내가 여기서 당신들한테 가르치는 방식 그대로 당신도 하라. 공부가 끝날 무렵에 당신이 배웠던 것을 설명하는 그림을 그려라. 그렇게 한다면 이제 당신 두뇌는 풍성해지고 있는 것이다.

옐로 브레인은 제한되고 빈약한 양의 지식을 갖고 있다. 옐로 브레인은 습관, 오로지 당신 습관에 의해 지배당하고 있다. 당신은 매일매일 하는 의례적인 것들을 따르기 위해 옐로 브레인을 사용한다. 옐로 브레인을 사용하는 목적이 달리 없다. 그게 전부다. 당신의 성생활을 위해 당신 외모를 위해 당신의 이미지관리를 위해서는 옐로 브레인을 쓰면서, 지식을 위해 당신 삶을 바꾸기 위해서는 옐로 브레인을 쓰지 않는다. 당신이 가진 유일한 수단이, 어떻게 하면 멋져 보이고 어떻게 하면 좋은 냄새가 나고 어떻게 하면 좋은 걸 먹는지를 아는 것이라면, 그것이 당신 두뇌의 여기 옐로 브레인에 갖

취진 전부라면, 도대체 우리가 어떤 놈의 궁전을 지을 수 있겠나? 이것이 위대한 건축가의 딜레마다.

당신이 아는 것이 많아질수록 그만큼 당신의 무지를 없앨 것이고, 당신의 무지를 없애면 없앨수록, 당신이 지금 하는 일을 받아들이는 수준과 믿음이 커진다는 것을 유념하라. 이 말이 의미하는 것은, 옐로 브레인에 의하면, 운명을 받아들이는 당신의 능력은 당신이 그것을 얼마나 믿는가와 정확히 일치하고, 그리고 당신이 그것을 얼마나 믿는가는 당신이 그것을 얼마나 아는가와 정확히 일치한다는 것이다.

사람들은 자신이 모르는 것을 받아들이는 훌륭한 성향을 가지고 있지 않다. 대부분은 자신의 수용 폭이 아주 좁다는 것을 인정하고 싶어하지 않는다. 거의 모든 사람들이 그렇다. 우리는 우리가 수용하는 영역 내에서는 손쉽게 구현할 수 있다. 쉽다. 아무런 문제가 없다. 그러나 우리가 수용하는 영역 밖으로 나가면 어려움에 처한다. 그러면 이제 당신은 상당한 양의 지식이 있어야 할 필요성을 비로소 이해한다. 내가 당신 과거를 없애는 것에 관해 당신에게 이야기할 때, 당신은 구조적 관점에서 이해했고, 신경학적 관점에서 이해했다. 그러니, 그 이해는 상실에 대한 두려움을 동반하지 않는다. 우리가 이렇게 이해한다면, 우리는 그것옐로 브레인을 당신이 여태껏 써왔던 것보다 더 위대한 무언가로 개조시킬 수 있다.

생각의 신경 생물학

옐로 브레인이 감각을 판독하고, 그것을 언어적 해설로 표현하도록 하는 언어 중심 영역이라면, 그것은 태도의 중심 영역이기도 하다. 따라서 우리는 태도가 무엇인지를 이해하게 될 것이다.

여기 이 그림을 보자. 오징어 같은 이 신경 세포를 보자. 두뇌 속에는 이런 작은 오징어들이 아주 많이 있다.

[그림 1] 신경 세포 연결

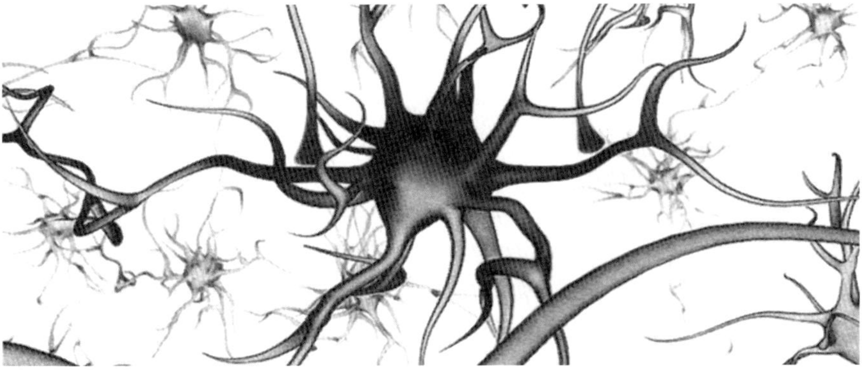

수상 돌기는 서로 다른 뉴런과 신경 세포간의 도킹 스테이션이다. 여기에 상호 연결된 3개의 신경 세포들을 그렸다. 우리는 이것을 두뇌 속 뉴로시냅스의 패턴화 neurosynaptic patterning 연구 모델로 사용할 것이다.

[그림 2] 뉴런 점화 및 시냅스 틈새

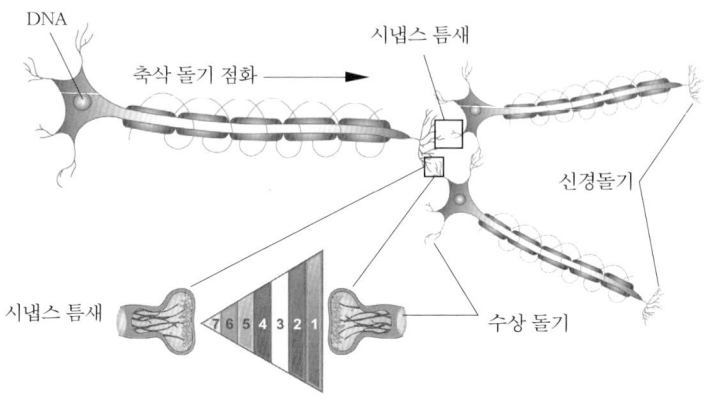

양자 잠재성의 상이한 차원에서의 점화

모든 신경 세포가 뉴로시냅스의 갈라진 틈새에서 점화하고 있다고 하자. 만약 신경 세포들이 하는 일이 점화하는 게 전부라면, 그들 신경 세포들 모두가 서로 연결하는 데 있어 핵심이 뭔가? 그저 두뇌 속에서 발생한 섬광에 불과한가? 뉴런의 특징은 무엇이며, 두뇌에 홀로그램을 일으키는 뉴런 덩어리들은 무엇인가? 당신은, 이 신경 세포가 축삭 돌기 안팎에다 자기적 흐름 magnetic flux을 발생 −이는 사실상 신경 세포가 그 축삭 돌기로 스파크를 보내는 중이다− 시키기 때문에, 스파크가 이런 뉴런들에 달린 각각의 덩굴손수상돌기까지 흘러 가면, 동일한 스파크가 그것들 전부로 흘러가는 것일 거라고 생각하나? 다르게 표현하면, 그것들 전부가 점화 플러그가 하는 것처럼 동일한 스파크를 공급하고 있다는 말인가?

신경 세포의 축삭 돌기는 열리고 닫히도록, 위에 아주 조그만 문을 가지고 있다. 한 신경 세포 내부의 휴면기에 있는 전하電荷는 양극이다. 왜냐하면 신경 세포 외부보다 내부에 더 많은 양극 분자를 갖고 있기 때문이다. 외부에 더 많은 음극 분자가 있다. 신경 세포의 팔, 즉 축삭 돌기는 내부에 이런 음극, 양극 입자 전하들을 전부 가지고 있는 화학 공장이나 마찬가지기 때문에 모양이 상당히 길다. 축삭 돌기가 휴면 상태에서 뉴런과 점화하지 않을 때, 그것은 하나의 순수한 양 전하를 가진다. 이는 하나의 전기체이다.

축삭 돌기 팔 아래로 전하를 보내는 운동량을 창출하는 것은 주변에 액상으로 흐르는 두뇌 속 유체인데, 그 곳에도 대전帶電된 입자들이 있으나 완전한 휴면 상태에서는 음극이다. 따라서 우리는 휴면 양극, 휴면 음극을 가지고 있는 것이다. 팔을 따라 두 개의 문이 마주보고 있는데, 모든 여는 문에는 밖으로 내보내는 문도 함께 있다. 바깥에서 이러한 입자들이 팔 안으로 흘러 들어오도록 하는 문이 하나 있고, 팔 안에서 그 입자들이 흘러 나가도록 하는 문들이 또 있다.

체세포와 세포핵들이 세포핵 내 전하를 진동시킬 때 −이는 세포막에 치는 번개와 같다− 스파크는 팔 아래로 내려가며 빛을 낸다. 스파크가 여행할 수 있는 유일한 길은, 순純 전하가 양 쪽에서 일어나서, 전하가 출발하자마자 음극 입자들이 흘러 들어오도록 문이 열리고, 동시에 양극입자들이 흘러 나가도록 다른 문이 열리는 것이다. 이제 우리는 전력을 확보하고 있는 것이다. 우리는 이렇게 전류를 이동시키고 있고, 팔 주위에서 진동하도록 하고 있는 것이다. 이렇게 작은 극소형 문이 열리면서, 신진대사에 맞춰 양극은 흘러 나가게 하고 음극은 흘러 들어오게 하고 있다. 그러면 스파크는 마치 회전하는 전기처럼 팔 아래로 이동하고, 스파크는 시냅스 틈새에 있는 뉴런을 대표하는 손가락처럼 생긴 것들수상돌기 밖으로 이동한다.[3] 이 대전된 스파크가 뉴런 밖으로 나가면서 점화를 하고, 세로토닌 효소를 방출한다. 스파크가 점화하는 동안, 수상 돌기는 수용하고 공급하는 신경 세포로부터 신경 전달 물질을 집어낸다. 교환이 계속 진행된다. 이 전하가 팔 아래로 이동하면서, 문은 그 뒤에서 다시 닫히기 시작한다. 팔은 그 때, 순純 양극 휴면 상태로 돌아가는 중이고, 순 음극 상태는 전하가 팔 아래로 이동하는 것처럼 그 주위에 흐르고 있다.

잇따라 점화 활동을 하는 뉴런이 어떻게 홀로그램 영상을 만들어 낼 수 있는지, 최고의 신경학자들조차 정말로 몰라서, 설명하는 데 아주 골머리를 싸매는 이런 내용을, 우리는 여기서 설명하고자 노력하고 있다. 어떻게 그렇게 되는지, 그들은 이해하지 못한다. 이렇게나 단순한 수준에서 이것을 당신에게 보여주고 설명하는 것은, 당신이 이것이 어떻게 가능한지에 대한 아이디어와 접합하고 연결할 수 있는 충분한 지식을 얻도록 하기 위함이다.

---

3   스파크는 시냅스 틈새에 있는 또 다른 신경 세포의 수상 돌기 연결을 향해 뉴런의 축삭 돌기로 내려간다. 그림 2 참조

공중 부양 – 공진 장共振場The Resonant Field의 변화

뉴런이 전하를 어떻게 방출하는지를 이해하고, 그 다음 단계에 들어가면서 우리는 전하 그 자체를 한 번 살펴볼까 한다.

음악의 마스터람타 깨달음 학교 음악 담당자인 당신은 다음 질문에 대답한다. 다음 그림은 음파처럼[4] 보이는 B플랫이다. 우리가 음파 같은 것을, 오른쪽 그림에서 왼쪽 그림으로 이동하면 어떻게 될까? 무엇이 그렇게 하도록 만들었나?

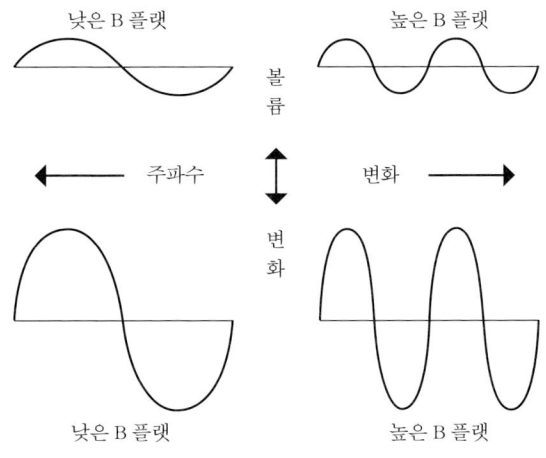

[그림 3] 주파수 변화 차트

---

4   그림 3 참조

음악 : 주파수에 변화가 생길 것입니다

람타 : 어디에?

음악 : 저주파에요.

람타 : 여전히 B플랫 아닌가?

음악 : 아닌 거 같은데요.

람타 : 아니면 뭐지?

음악 : 별개의 배음倍音harmonic이예요.

람타 : 그렇지만 같은 B플랫인데?

음악 : 음.., 이건 한 옥타브 높지만 B플랫이네요.

람타 : 그러니까 이건 B플랫이 맞는 거지? 음악의 마스터, 당신이 나한테 한 말이, 이 말 아닌가?

음악 : 그런 거 같아요.

람타 : 그런 거 같다고? 우리는 소리와 톤을 가져와 그것을 확장했다. 이건 소리가 커졌다는 뜻인가, 아니면 다른 주파수라는 말인가? 이것은 같은 주파수가 아니야. 자네가 그렇게 생각한다면, 내게 그 역설을 설명하라. 이것은 B 플랫이고 소리가 커졌다. 그런데 같은 주파수다? 기억하라. 소리가 더 커진다는 건 진동 주파수가 변했다는 말이다.

이것이 중요한 이유가 바로 이 때문이다. 여기에 대해 좀 더 복잡한 문제, 역설이 있다. 우리가 이 엉뚱하고 별난 학교에서 당신이 공중 부양levitation할 것인가 말 것인가, 그 가능성에 대해 논의할 때, 공중 부양은 이제 신화 속 이야기가 아닌 우리 철학의 필수 영역을 차지하게 된다. 우리가 철학의 형식으로 공중 부양에 대해 이야기하면, 당신이 이에 대한 논의를 언제 시작을 하든 간에, 그것을 해낼 방법이 있다는 확신을 가질 수 있을 것이다. 이론적으로 한 존재가 공중 부양을 하는 것은, 그 존재의 밴드band의 공진 장이 바뀌었다는 말이다. 실제로 존재들은, 그들이 현재 존재하고 있는 시간/공간, 차원보다 더 위대한, 주파수 버블막 안에 싸여 있다. 더 간단히 말하자면, 당신 옆에 앉아 있는 모든 사람들은 당신이 진동하고 있는 속도와 같은 속도로 진동하고 있다는 말이다. 그들 모두 B플랫이다. 당신이 얼마나 깨달았다고 생각하건, 당신이 그 사람들을 보고 만지고 냄새 맡을 수 있다면, 그들은 B플랫이다. 현재 그들은 이 시간에 공진하고 있는 물질 장과 똑같은 속도로 공진하고 있다는 뜻이다.

공중 부양 같은 엉뚱하고 별난 철학을 받아들이려면, 우리는 틀에 박힌 평범한 관점들을 좀 바꾸어야 한다. 평범한 관점들을 바꾸지 않으면 우리는 절대로 공중 부양을 할 수 없다. 관점을 바꿔야만 한다. 이는 진정 천재적이다. 당신이 포커스를 제대로 할 줄 알면, 그때 나는 당신에게 공중 부양하는 법을 가르칠 것이다. 당신이 해야 할 일은 현재 당신이 있는 공진 장을 바꾸는 것이다.

공중 부양을 가르치기에 앞서 한 마디 하겠다. 당신이 읽은 장 현상에 관한 어떤 문헌에서건 이것을 기억하라. 장 현상은 일종의 방사능, 극초단파 장, 전자기 장과 같은 것이다. 내 말을 아주 잘 들어라. 모든 장은 의식의 흐름의 산물이다. 모든 장 현상들은 의식의 현상이다. 잘 들어라. 이리하여 알려졌건 알려지지 않았건 간에 장이란 것은 모두, 의식의 흐름을 따른다. 다른 의식의 흐름에 동조시킬 수 있는, 당신이 현재 갖고 있는 가장 훌륭한 가속장치는 무엇인가? 두뇌다. 이를 마음 깊이 새겨라.

공중 부양을 배우는 것은 당신이 현재 속해 있는 공진 주파수 장을 바꾸는 것이다. 이 말은, 만약 당신이 그림 맨 위의 B플랫에 있고 우리가 그림의 맨 아래쪽처럼 당신이 공진하도록 한다면, 여전히 B플랫이지만 당신의 주파수는 바뀔 것이다. 당신 주파수는 점점 커지는 것이다. 그 말은 우리가 당신의 공진 주파수를 바꾸고 있다는 것이다. 당신은 여전히 B플랫이다. 왜냐하면 우리가 아직도 당신을 만지고 볼 수 있기 때문이다. 하지만 우리는 그 장을 가속할 것이다. 우리는, 당신이 들을 수는 없지만 볼 수는 있도록 그 장을 더 크게 만들 것이다. 그리하여 당신은 여전히 B플랫이지만 그 주파수는 달라진다. 이것이 역설이다. 허나, 이것이 물리학과 상반되더라도 이 역설을 수용해야지 그렇지 않으면, 그들이 모르는 것을 당신도 절대로 경험하지 못한다.

우리는 여기에서 일반적으로 받아들여지는 사고의 틀 안에 있는 것에 대해 작업하지 않을 것이다. 왜냐하면 내가 당신한테 그렇게 하는 것을 당신이 원치 않기 때문이다. 우리는 과학조차 아직 알지 못하는 범위 너머의 것들을 다루려고 한다. 하지만 당신은 그것을 감안하고, 당신의 공진 장을 가속하는 법을 배울 것이다. 공진 장의 가속화가 밴드에 하는 일은 자기적 유동체 안에 밴드를 놓는 것이다. 공진 장의 가속화가 자기 유동체 안에 밴드를 놓으면, 공진 장의 가속화는 사실상 중력 파괴자가 된다. 더 이상 B플랫으로 공진하고 있지 않으므로, 그 장은 반중력反重力이다. 더 높고 더 큰 소리의 배음倍音harmonic으로 공진하고 있는 것이다. 그렇게 함으로써 중력을 빼앗아, 그 존재가 공중에 뜨고 그 뜬 자리에 앉아 있게 한다. 이는 사실상 당신 주변의 B플랫 장을 파괴하고 있는 것이고, B플랫 장을 에너지 소용돌이 속으로 집어 넣는 것이다. 이 에너지 소용돌이는 반중력을 존재하게 하고 공중 부양 상태를 불러온다.

이제 여기 또 하나의 역설이 있다. 왜 나는 변경된 공진 장에 의해 창조된 공진 장이 중력을 파괴한다고 말했을까? 왜 나는 그렇게 말할 수 있을까? 왜 나는 새로운 장이 B플랫-바뀌었으나 여전히 B플랫이다-으로부터 창조됐다고 말했고, 왜 나는 이런 괴이한 소리를 하는 걸까? 왜 중력을 먹어 치우는가? 이것이 실마리이다. 예수와 벤 조셉, 그가 처형되기 전에 언덕에 나타났을 때, 그는 너무나 유명한 고대 인물들과 함께 나타났다. 그는 그들과 함께 등장한 것으로 기록되어 있다.[5] 그들이 누구였는지 당신은 기억하나? 글쎄, 아주 오래 전 일이기는 하다. 당신은 32일 전 오전 10시에 무슨 일이 있었는지조차 기억 못하지 않나. 나는 그 친구들 이름이 엘리야, 모세, 야곱이었다고 안다. 예수와 벤 조셉은 그 언덕에서 그 가련하고 무지한 제자들에게 재미있는 말을 한 마디 한다. 그는 이렇게 말했다.
"이제 나를 만지지 말라"
그들은 말했다.
"왜 안됩니까? 당신에게 광채가 나고 있습니다."
예수와 벤 조셉이 말했다.
"나는 지금 이 세계에 있지만, 이 세계에 있는 것이 아니다."
"이 세계에 있지만, 이 세계에 있는 것이 아니라니요?"

이 말은 지난 2000년 동안 우리를 아주 정신 없게 만들었다. 그가 그렇

---

[5] 예수의 변형 이야기: 마가 복음 9장 2~8절, 마태 복음 17장, 1~8절, 누가 복음 9장, 28~36절 그리고 그의 부활 후에 막달라 마리아 앞에 출현, 요한 20, 11~18절.

게 말했던 것은 그가 변경시킨 다른 장을 창조했다는 말이었다. 그리고 다른 차원dimension으로 들어가 그를 닫았기 때문에, 그는 주파수를 엘리야, 모세, 야곱과 맞추어서야 그들과 대화할 수 있었다. 그리고 그 곳에는 이 곳의 시간 같은 건 존재하지 않았다. 이것이 예수와 벤 조셉이 비록 죽었지만 부활한 존재들과 이야기를 할 수 있었던 이유이다. 당신은 비록 그를 볼 수 있다 하더라도, 그는 이 세계에 있는 것이 아니었기 때문이다. 그가 "나를 만지지 말라"라고 말했던 이유는, "내가 너무나 빠르게 진동하고 있기 때문에 만일 네가 나를 만지면, 현재 내가 있는 공간을 차지하는 힘으로 인해 내가 시간과 공간을 파괴하여, 내가 네 에너지를 파괴해 버릴 것이기 때문이다."

B플랫은 특정한 장을 하나 갖고 있기 때문에, B플랫이 될 수 있다. 이는 그 곳에 살도록 임대료를 지불하고 있다는 말이다. 즉 B플랫이 되기 위한 시간과 공간을 대여하고 있는 것이다. 그것이 바뀌어 회전하는 장—그것이 여전히 그 자체일지라도 완전히 기이한—이 되는 순간, 그것은 주변 모든 것을 먹어 치운다. 그 주변 모든 것은 중력에 세금을 지불함으로써, 그 공간을 점유할 수 있기 때문이다. 그것이 바뀔 때, 그것은 그 주변의 모든 중력을 먹어 치운다. 그것이 차지하는 공간이 이전에 점유했던 더 낮은 진동의 공간보다 더 높게 진동하기 때문이다. 그것이 더 거세지고 같은 이 시간에 존재하기 위해서는, 비록 이 시간에 있지 않으나 그것은 현재 있는 이 시간을 먹어 치우고 있는 것이다.

자 그럼, 갑자기 당신이 더 이상 중력 장 속에 앉아 있지 않는다면, 어떤 일이 벌어질까? 갑자기 당신이 당신에게 미치는 지구 인력으로부터 해방된다면, 당신에게 어떤 일이 일어날까? 이론적으로 그것이 가능할까? 이 일은 매일 일어나고 있다. 당신이 당신의 공진 주파수를 바꿀 때, 당신은 당신이 속해 있는 장을 바꾸고, 그 장은 포커스된 의식에 따르는 유연한 장이 된다. 이 장과 포개진 그 장은 반중력 장이 될 것이다. 이는 그것의 더 높은 공진 속도를 유지하기 위해 중력을 먹어 치울 것이기 때문이다.

공중 부양하는 붓다와 연꽃에 숨겨진 상징성

내가 당신에게 '두뇌는 간차원적_{間次元的}interdimensional이다'라고 말할 때, 두뇌는 동시에 여러 세계에 존재할 수 있는 엄청난 성질을 갖고 있다는 말을 하는 것이고, 그것은 두뇌가 공진 장 에너지라고 하는 것의 도체_{導體}이기 때문이다. 내가 당신에게 말을 할 때, 당신의 옐로 브레인이 적외선 주파수에서 그림을 점화할 수 있다면, 우리는 생각이 어떻게 실제로 미래의 공중 부양인지 볼 수 있을 것이다. 왜냐하면 그 그림들은 여기에 실시간으로 존재하고 있지만, 또 다른 세계에서 그들의 주파수를 가지고 있어서, 그들의 다른 주파수를 가진 다른 세계는 미래의 원판_{原版}progenitor이 되기 때문이다.

하나의 무거운 3차원적 물질로서 행성의 헤르츠에 맞춰 진동하는 당신에게, 물질 그 자체로서 동일한 안정성을 갖도록 해주는, 실행 가능한 공중 부양의 과학에 대해 막 이야기를 나눈 참이다. 가령, 당신이 갑자기 장을 바꿨다고 한다면, 당신을 이루고 있는 물질도 물론 바뀐다. 당신은 여전히 당신이겠지만, 당신은 다른 주파수로 진동하고 있을 것이다. 그렇게 하면 그 때 당신은 여전히 이 세계에 있지만 이 세계에 속한 것이 아니다. 그 말은, 우리가 당신을 눈으로 볼 수 있고, 여전히 당신은 존 도우라는 사람이다. 하지만 당신은 이제 이 곳의 중력과 물리학 법칙을 따르지 않기 때문에, 당신은 이 세계에 있는 것이 아니다. 그래서 이제 당신은 실제로 바닥에서 15피트 위로 공중 부양하고 있다. 우리는 당신을 볼 수 있지만, 실상 당신은 이 시간 속에서 자신을 둘러싼 시간을 먹어 치우고 있는 중이다. 그래서 거기 앉아 공중 부양하고 있는 동안 당신은, 사실상 미래에 있는 것이다. 당신은, 당신의 선형적 시간상의 미래 어느 하루가 될, 또 다른 차원dimension 속에 있는 것이다.

이것이 정말로 타당하고 이론적으로 가능하다면, 그것은 연꽃 위에 떠 있는 붓다가 보여주는 것이, 단순히 우리가 연구할 만한 아름다운 만트라나 만다라가 아니라는 것을 이야기하는 것이고, 우리가 여기서 완전히 새로운 하나의 모델에 대해 논의하고 있다는 사실이다. 사실상 이는 아주 강력한 포커스 상태에서 당신도 공중 부양 할 수 있다는 것을 당신에게 보여주는 암호화된 상징이다. 그런데, '연꽃 위에 떠 있는 붓다'라는 상징이 의미하는 바는 도대체 무엇일까? 그것은 붓다가 지금 불멸의 타임라인에 살아 있다는 것을 뜻한다. 붓다가 실제 하고 있는 일은 그 곳에 부양하고 있는 것이지만, 사실상 붓다는 수 천년 이후의 미래 시간에 살고 있는 것이다. 왜냐하면 비록 5천년 전에 붓다를 본다고 하더라도, 그는 여전히 그의 타임라인에서 미래로 갈 2천 년을 더 가지고 있기 때문이다.

이는 또한 붓다의 그 생각을 나타내는 것이고, 부양하는 붓다가 상징하는 것은 그가 중력의 법칙을 깨고 절대적 평화 상태로 그 곳에 앉아 있었다는 것이었다. 붓다는 하나의 생각, 구축된 하나의 생각, 그리고 생각의 최고 형태가 절대적 평화 속에 두뇌에 자리 잡고 있다는 것 역시 보여 주었다. 그것을 제3의 눈이라 하는데, 붓다는 이 제3의 눈을 나타내 주었다. 그가 무언의 상징으로 실제로 우리에게 말하고 있었던 것은, 당신이 생각하는 모든 것은 공중 부양하는 붓다와 같다는 것이었다. 만약 바닥에서 15피트 위로 공중 부양 할 수 있는 이가 람타 깨달음 학교에 한 사람 있다면, 그 사람 주위에서 명상을 하는 다른 모든 사람들도 그 존재와 똑같아진다. 왜냐하면 하이 밴드 적외선 차원에서 반중력 작용을 하는 하나의 생각을 구축한다는 것은, '붓다와 같다'는 것이고, 혹은 무중력 장에서 부양하고 있는 당신과 같다는 의미이기 때문이다. 생각은 붓다와 동일한 것이므로.

붓다는, 생각들이 건축학적으로 구성하여 창조한 그것이, 아득히 먼 미래의 한 타임라인 상에서 산다는 것을 보여주었다. 비록 그 생각들은 반중력 장에서 어느 미래의 차원적 시간에 살고 있어서, 외부로부터 당신 두뇌 안에서 찾아 볼 수 없지만. 자, 이렇게 생각을 하면, 적절하고 일관되게 점화된 생각이 왜 사실상 공중 부양하는 하나의 붓다이고 원형原型archetype인지 우리는 이해할 수 있을 것이다. 공중 부양을 할 때 그것은 하이 밴드 적외선 차원에서 하고 있는데, 이렇게 하이 밴드 적외선 차원에서 하는 공중 부양은, 이런 방식생각을 적절하고 일관되게 점화하는 방식으로 그림자를 뻗쳐 가는 미래의 그 곳으로 가는 출구이다. 그렇게 하면 그것생각이 건축학적으로 구성하여 창조한 그것은 내려오면서, 에너지를 조절하기 시작하고 입자로 붕괴시켜 이곳에서 형태를 창조한다. 따라서 공중 부양은, 옐로 브레인이 중뇌의 지원을 받아 할 수 있는 것 중의 최고의 작업이다.

그러면 당신은 말한다. "잠깐만요, 그럼 당신은 지금 내 생각들이 공중 부양하고 있다고 말하는 겁니까?" 정확히 그렇다. 하지만 당신은 왜 당신이 공중 부양하지 않았는지 아는가? 그것은 당신 생각이 공중 부양하고 있었던 걸 당신이 몰랐기 때문이다. 당신은 이제 그것들이 공중 부양한다는 것을 알았고, 이는 시간에 있어 당신 유연성에 관한 발상을 통째로 바꾸어 놓는다. 왜냐하면 두뇌는 생각을 적외선 주파수로 투사하고 −이는 더 큰 음파로 공진하는 B플랫을 창조하고 있는 것이다 - 그 생각의 모델은 머리 위 이 곳에 자리 잡기 때문이다. 머리는 실제로 그것을 투사하고 있다. 그것은 당신 머리 위에서 공중 부양하고 있다. 아무도 그것을 볼 수 없다. 하지만 당신이 적외선 밴드 안에 있다면 당신은 그것을 볼 수 있고, 그것은 머리 위에서 부양하고 있다. 그리고 만약 일정 기간 동안 공중 부양한 채로 그 곳에 있는다면, 그것이 그것 주변의 중력 장을 먹어 치우려 하는 것이다. 이는 당신에게는 어떤 의미가 있을까? 그 의미인즉슨, 하나의 아이디어가 당신의 과거를 먹어 치울 수 있다는 것이다.

그것을 이런 식으로 생각을 해봐라. 우리는 이제 뉴런 과학과, 그 뉴런 과학이 어떻게 이 고귀한 위업을 달성하는지에 관해 흥미진진해질 테니까. 만약 두뇌가 수 백만 개의 뉴런을 통해 하나의 스파크를 점화하고 있다면, 각각의 스파크는 튕기면 소리가 나는 하프의 현 하나와 같다. 그것은 공진한다. 그리고 그 스파크들의 총합은 3차원적 표현으로 해석 가능한 홀로그램 영상을 그려낸다. 두뇌는 그 일을 할 수 있는 능력이 있다. 홀로그램은 어디에서 일어나나? 투사된 홀로그램의 운명은 어디에 그 모습을 드러내나? 당신은 머리 속이라 생각한다. 하지만 사실 그것은 우리 머리 위에 모습을 드러낸다.

그러므로 당신이 당신 카드에 포커스하면서 운동장을 가로질러 걸어 다닐 때,[6] 당신이 실제로 그 훈련을 정확하게 한다면, 당신은 공중 부양하는 마

---

6   필드워크 (Field Work) 훈련을 말함. 용어 해설 참고.

스터가 공중 부양을 하고 있을 때 차지하는 것과 동일한 공진 장을 차지하고 있는 홀로그램을 창조하고 있는 것이다. 공중 부양하는 마스터가 홀로그램이라는 생각의 형태와 다른 유일한 차이점은, 공중 부양하는 마스터는 당신이 그와 함께 있으면서 그들을 만지고 그들을 느끼지만, 그들은 자신들의 공진 주파수를 바꾸기 시작한다는 것이다. 공중 부양 마스터들은 중력을 먹어치우고 있는 중이다. 당신은 여전히 그들을 볼 수 있다. 하지만 생각은, 거기 있어도 당신은 그것을 볼 수 없다. 그래서 생각은 공중 부양하는 마스터와 동일한 중력 장을 점령한다. 그리고 그들은 나란히 자리잡고 있다. '연꽃 위에 부양하는 붓다'라는 개념은, 붓다의 생각 역시 공중 부양 안에 있다는 것을 당신에게 보여주는 것이었다.

당신은 마스터를 여전히 볼 수 있다. 하지만 그에게서는 광채가 난다. 당신 눈에는 그가 여전히 당신이 알고 있는 사람으로 보이기 때문에 이 세계에 있는 것처럼 보일 수 있다. 하지만 그는 지금 하이 밴드 적외선 차원에 살고 있으므로 이 세계에 있는 것이 아니다. 그의 이미지는 남아 있지만, 그것은 방금 떠난 시간의 흐름에 의해 유지되기 때문에 남아 있는 것뿐이다.

충분히 오랫동안 포커스를 했을 때 그 집중된 단 하나의 생각이 당신 인생을 바꿀 수 있는 이유는, 당신이 하나의 생각을 여기에서 부양시키면, 우리가 공부한 것처럼 두뇌는 미래-현재 future-Now에서 작동하기 때문이다. 그렇게 우리가 홀로그램을 구성하고 그 홀로그램을 그 곳에 똑바로 올려 놓으면 그것은 부양한다. 그것을 오랜 시간 유지하면, 그것이 당신에게 일어나게 하는 일은, 역시 시간의 틀을 가진 차원을 먹어버리는 것이다. 그러면 생각의 장은 무엇을 먹고 살아 갈까? 그것은 주위의 중력을 먹어 치우기 시작할 것이다. 그렇다면 주위의 중력은 무엇인가? 그것은 당신의 과거이다.

이제 우리는 이 엉뚱하고 놀라운 개념이 어떻게 완성되는지에 대해 물리학 용어로 설명하려고 한다. 그리고 그것은 당신이 두뇌에 관한 책을 읽을 때 일어나는 많은 문제들을 해결해 줄 것이다. 두뇌에 관한 책을 읽는 것은 내가 당신들이 하기를 바라는 일이다. 당신이 이 영역에 발을 들여놓으면서, 앞서 우리가 했던 논의를 기억해 봐라. 우리가 뉴런의 점화와 집단적인 신경망, 홀로그램 영상에 대해 어떻게 이야기 했었는지, 그리고 그것들이 두뇌 안에 있는 것이 아니라, 실은 머리 위로 투사되고 있다는 것을 기억하라. 그 영상들은 하이 밴드 적외선 차원에 존재 한다는 것을 이해해라. 이 모든 것을 알라. 당신은 어딜 가도 이에 대해 읽지 못하겠지만, 당신은 당신이 읽은 것을 여기서 배운 것들로 속을 꽉 채울 수 있을 것이기 때문이다. 당신은 이 수업을 하면서, 당신 미래가 지면에서 15피트 부양한 것처럼 보일 것이고, 뿐만 아니라 당신이 이것을 배웠다는 것이 행복해 죽을 것이다.

고대 불교도들이 집중된 명상을 할 때 꽃잎이 많은 연꽃을 사용한 이유는, 연꽃은 봉오리가 피어날 때 그 많은 꽃잎이 한 장 한 장 천천히 펼쳐지며 피어나기 때문이다. 천 개의 꽃잎이 달린 연꽃에 대한 포커스 명상을 매일 매일 집중적이고 반복적으로 함으로써 불교도들은 깨달음을 얻었다. 꽃 한 송이가 깨달음을 얻게 해줬다니 흥미롭다. 그런데 그러한 상징성을 통해 그들이 시대를 초월하여 우리에게 말해주려고 하는 것은 과연 무엇일까? 단순하게 말하면, 마음 수행을 하는 학생이 매일 연꽃의 꽃잎을 하나 하나 펼치며 수행을 하면, 그 연꽃은 점점 더 숭고해지고 숭고해지고 숭고해지고 마침내 연꽃

가운데에서 연꽃이 품고 있던 보배를 발견할 것이라는 약속에 관한 것이다. 즉 모두가 하게끔 -그것은 사실이다- 그들이 애쓰고 있었던 것은, 매일 그들이 이렇게 했을 때, 그들은 하나의 작은 신경망, 머리 위에 작은 공간을 점유하고 있는 하나의 작은 생각을 가지고 시작했다는 그 점이었다. 그들은 그렇게 한 다음 날 조금 더 나아갔다. 점점 더 많은 꽃잎을 세었고, 자신들 머리 위에 비전을 펼쳤다. 그렇게 한 다음 날 거듭 그들은 앞으로 나아갔고, 더 많은 꽃잎을 셌다. 시각적 명상을 하면서 천 개의 꽃잎을 셀 수 있기까지 그들은 2년의 시간이 걸렸다.

[그림 4] 신묘장구대다라니 MANTRA OF AVALOKITESHVARA
옴마니 반메훔(OM MANI PADME HUM)- 보라, 연꽃 속의 보석을

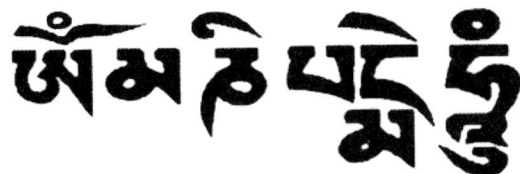

그리하여, 머리 위에서 봉오리가 생기기 시작한다. 학생은 매일 연꽃이 피어나도록 정진하고, 그가 천 개의 꽃잎을 가진 연꽃 한 송이를 완전히 펼치면 보배는 나타날 것이다. 그 과업을 완수하기 위해서 당신은 그럴 능력이 있는 놀라운 두뇌를 불러내야 한다. 가령 백 장의 꽃잎 이미지를 투사하려면, 이를 위해 두뇌에는 십만 번의 뉴런 점화가 일어나야 한다. 그러면 우리가 천 장의 꽃잎을 세려면 얼마나 많은 뉴런의 점화가 필요할까? 당신은 그에 필요한 셈을 할 줄 아나? 어마어마한 숫자다. 그런데 어째서 우리는 그 천 장의 꽃잎을 다 펼치면 보배를 발견하게 될까? 그것은 꽃잎 천 장을 가진

연꽃 한 송이의 홀로그램을 창조하는 데에는 이를 완수할 1조의 뉴런이 필요하기 때문이다.

당신은 천 개의 꽃잎을 세는 과업 수행을 위해 필요한 나머지 뉴런을 어디서 확보하겠는가? 그러니 그것이 바로 과거를 먹어 치우는 거 아닌가? 당신 우뇌는 넘쳐 흐르고 당신은 그런 불안정들 중에서 꾸어와야 하는 거 아닐까? 여기우뇌가 흘러 넘치고 트렁크가 왈칵 열려 이런 것들이 미어져 나오고 있는 게 당신은 상상이 되나?

"불안정: 자, 이거 가져 가요.

부러움과 질투: 어머, 여기 있어요 그거 가져 가세요.

적의와 의심: 여기 적의가 있어요. 그런데 전 의심을 정말 좋아하죠.

성공: 이 쪽이요.

실패: 이 쪽에 트렁크가 하나 더 있어요. 한 번 볼까요? 나한테 뭐가 남았는지? 결핍이랑 선입견 조그마한 게 하나 있네요. 결핍은 많이 있구나."

"좀 더 필요해요."

"여기요, 여기. 어머나 저게 뭐야, 고통이네. 여기요, 이 고통도 가져 가세요. 이제 난 아무것도 남지 않았어요. 거기로 들어 가서 당신이 갖고 싶은 거 아무거나 가져 가세요. 전 상관없어요. 당신이 가져요."

"제가 바라던 바네요."

우리가 천 개의 꽃잎이 달린 연꽃으로 하는 명상의 비밀을 이해한 것인가? 모습을 드러낸 보배는, 당신의 퍼스널리티personality와 과거로 가는 신경 경로의 플러그를 뽑아버림으로 인해 그만큼 장이 커져, 당신 과거를 완전히 먹어 치워버렸다. 이 보배는 신이다. 그리고 그것은 완전히 활짝 피었다. 여

붓다의 공중 부양 신경망

기에서 공중 부양하고 있는 천 개의 꽃잎을 가진 연꽃이 당신의 모든 과거를 먹어 치우고, 당신 퍼스널러티의 모든 면면을 취해 하이 밴드 적외선에 있는 걸출한 신경망 비전을 창출한다는 것을 상상해보라. 그리고 그것은 이제 미래를 향해 그림자를 드리우고 있다. 그래, 미래에 될 것이 신God 말고 무엇이 있나? 붓다라는 것이 바로 그것神 아닌가?

축삭 돌기에서 떨어져 나오는 그 다음 뉴런을 가진 각 신경 세포는, 그것이 가진 스파크의 주파수 전달에 있어 전문가이다. 두뇌의 각 신경 세포는 조금씩 다르다. 그 신경 세포의 원자 생물학은 이웃 신경 세포들과는 살짝 달라졌다. 그 말은, 극히 미세한 크기의 뉴런들 각각이, 동일한 스파크에 속하는 하나의 다른 양상樣相phase을 전달하는 능력을 가지고 있다는 뜻이다. 한 스파크에 속한 양상들에 관해 한 번 생각해 봐라. 가령 우리가 스파크를 하나의 벽으로 상정한다면, 우리는 그 벽을 만든 서로 다른 다듬돌들을 스파크의 양상들로 볼 수 있을 것이다. 그래서 각 뉴런은 양상들에 관한 탁월한 전문가이다. 노란색이 요구될 때 노란색 배음倍音harmonic의 양상은, 노란색을 만들기 위해서 그 양상을 어떻게 점화해야 하는지, 그 방법을 알고 있는 전문적인 뉴런 그룹이다. 두뇌의 모든 전사戰士가 어떻게 점화 전달 능력에 있어서 사실상 전문가인지, 이제 우리는 깨닫기 시작했다. 뉴런들이 그 점화를 전달할 때, 그들은 하나의 전체 영상에서 하나의 광양자 파편을 표현하고 있는 것이다. 뉴런들은, 모두 합쳐져서 하나의 이미지를 창조하는 주파수 양상을 자신들 특유의 전문성으로 투사하고 있다.

이는 단순하다. 만약 두뇌의 모든 뉴런들이 동시에 양상을 투사하거나 똑같은 주파수의 스파크를 보낸다면, 당신은 곧 단조로운 화이트아웃whiteout 극지에서 천지가 온통 백색이 되어 방향 감각이 없어지는 상태 상태가 될 것이다. 선명도, 색조, 색깔, 농도가 없을 것이다. 이것은, 그 영상에 3차원 삶과 그 본래 상태를 제공하려면 양상/주파수 점화 시점에서 그들의 전문성을 전달할 이러한 개개의 뉴런들을 필요로 한다는 뜻이다.

이리하여 우리는 두뇌가 얼마나 경이로운지 알았으며, 이러한 신경 세포들 전부를 담고 있는 옐로 브레인에 있는 이러한 뉴런들 각각이 축삭 돌기를 통해 생기는 전하에 맞춰 달리 양상을 만들 것이라는 것도 알았다. 이 양상들은 더 높아질 수도 더 낮아질 수도 있고, 사이에 있을 수도 더 느려질 수도, 그리고 소리가 더 커질 수도 있을 것이다. 당신이 만약 우리가 이러한 신경 세포들을 어떻게 연결했는지를 본다면, 우리는 이들 각각을 서로 다른 부분들에 연결시켰다는 것과, 각 뉴런들이 양상을 만듦에 있어 실제로 그들의 이웃 뉴런들을 돕고 있는 것을 우리는 보게 된다.

생존이 진화가 아니라 우리의 동기일 때

그럼 이제 우주 전체가 당신을 감정적 신경 경로neuropathway 분야의 전문가로 평가해야 한다. 감정적 신경 경로는, 우리가 두뇌에 관한 이번 논의를 시작했을 때, 두뇌가 주로 하는 일은 전체 유기체의 생존에 관한 것이라고, 처음부터 이야기했던 것이다. 생존을 위해 두뇌에는 플러그 접속 같은 변환變換 업무를 주로 담당하는 주 집적시설이 있는데, 당신이 태어나면서부터 축적해 왔던 모든 감정들-고통, 불안, 공포, 적의, 의심, 성공, 실패, 결핍, 선입견-이 그 안에 플러그가 접속된 것처럼 배선되어 깔려 있다. 당신이 태어나면서부터 쌓아 온 이 모든 감정들은, 당신의 퍼스널리티의 기반이 무엇인지를 본질적으로 보여주는 것이고, 이 모든 것들이 생존이라는 모드에 맞춰 시작되고 진행된다. 모든 것들이 그렇다.

그래서 만약 우리가 하나의 축소판으로서 이 3개의 뉴런을 취해서 보면,[7] 그것들이 근본적으로 생존이 지속되도록 하기 위해 만들어진 신경 경로들을 나타내기 때문에, 이러한 특정 태도들 전부가 창조되었음을 우리는 알 수 있다. 만약 당신이 생존을 설명의 요지로 삼는다면, 당신 마음에 있는 이러한 태도들을 살펴 봐라. 그것들을 생존[8]과 결부시켜라, 그리고

---

7 그림 2 참조.
8 칠판에 적힌 태도 목록: 고통, 불안, 공포, 적의, 의심, 성공, 실패, 결핍, 선입견.

말하라. "불안아, 왜 나는 불안한 걸까? 그건 내가 위험을 감수하는 걸 좋아하지 않아서지. 왜 난 위험을 감수하는 걸 싫어할까? 그거야 내가 살아남지 못할까 봐 두려워서 그렇지." 당신이 만약 이를 받아들인다면, 당신은 당신 퍼스널리티의 취약함의 근본적인 측면이 어떻게 형성되었는지 이해하게 될 것이다.

자신에 대해 좀 알게 되지 않았나? 나아가 당신이 두려워하는 것이 살아남지 못하는 것이라면, 이러한 고약한 감정들은 항상 효과가 있고, 존재가 살아남도록 하기 위해 언제나 불길한 예감이 되어 나타난다. 하지만 이도 역시 유기체를 보호하려고 하는 부분적이고 불완전한 두뇌의 책무이다. 이는 성격상 일종의 적자생존適者生存이라고 할 수 있다. 그리하여 우리가 만약 그럴 때, 이 적자 생존이란 말을 쓰며 이러한 태도들을 바라본다면, 어떻게 그 전부가 가능한지 볼 수 있다.

이러한 태도들 각각은, 엄청난 양의 신경망을 차지한다. 당신이 의식하건 말건 당신이 하는 모든 행동은 태도들의 밑바닥과 연결되어 있다 ─모든 것들이. 그래서 우리가 당신이 한 모든 말들, 당신이 한 모든 행동, 당신이 해 온 모든 선택들을 추적하려면, 그 모든 것들을 이러한 신경망의 기반들로 도로 가져가 살필 수 있을 것이다. 당신이 사랑으로 동기 부여되는 대신, 생존으로 동기 부여된다는 것에 대해 마음이 약간 불편하다는 것을 알아차리지 못했나? 생존에 관한 한, 그 누구의 목숨보다도 항상 당신 목숨이 제일 중요할 것이고, 생존 모드에 있을 때 당신은 어떤 도덕적 판단이나 신념도 다 팔아버릴 것이다. 내가 당신에게 말하겠는데, 이는 인류의 거대한 몰락이며, 이것이 바로 느린 윤회의 바퀴 속에서 인간이 깨달은 마스터가 되는데 그렇게나 오랜 세월이 걸리는 이유다. 모든 사람들이 끼니를 위해 모든 것을 팔아 치우려고 하기 때문이다. 끔찍한 일이라고 나는 생각한다.

고대의 진정한 순교자들은 자신을 팔아 치우지 않았던 자들이고, 회색분자나 외교적인 사람들로 변하지 않았던 자들이었다. 그들이 비록 괴상하고 엉뚱했을지 몰라도, 침체된 고품격 문화에 진정한 논란을 야기하고 불안을 조성하여, 이런 모든 고약한 태도들을 숨기고 있는 번듯한 겉치레를 부서 버렸던 신선한 바람이었다.

나는 이 말을 아주 좋아한다. "온 세상을 얻고 자신의 혼을 잃는다면, 그가 얻은 것은 과연 무엇이란 말인가?" 그가 얻은 것은 무엇이고, 혼을 잃는 것이 가능한가? 글쎄, 약간은 그렇다고 할 수 있다. 왜냐하면 가령 당신이 윤회를 통해 주어진 할 일들을 혼이 다루도록 하지 않고, 생존이라는 단순한 신념 때문에 그것을 팔아 치운다면, 당신은 한 생에 혼을 잃어버리는 것이기 때문이다. 당신이 진실로 알고 생을 마감하고 다시 돌아와 이 모든 것을 지켜봐야 할 때, 당신은 그 때 당신이 했던 것이 영과의 약속이 아닌 육신과의 약속을 따라 산 삶이었다는 것을 알게 된다.

영은 이러한 태도들 중 어느 것도 아니다. 영이 미지the unknown의 것을 깨닫기 위해 여기 있는 거면, 이러한 태도들에 대해 알려지지 않은 미지는 뭐란 말인가? 그러니 우리는 영이 어떻게 이러한 태도가 될 수 없는 지 이해할 수 있다. 전능한 영이 어떻게 자신을 질투할 수 있는가? 모든 힘을 다 가진 영이 어떻게 결핍에 빠질 수 있는가? 영이 어떻게 증오할 수 있는가? 증오할 게 뭐가 있나? 영은 생존할 필요가 없다. 영은 생존이 비롯되는 그 곳이다.

당신 영은 궁극의 도덕주의자이다. 또한 당신 영은, 생존과는 전혀 무관하고 오히려 진화를 촉발하는 동력장치와 전적으로 관련된, 당신의 무한하고 훌륭한 측면이다. 진화를 촉발하는 동력장치는 말 그대로 미지의 것을 깨닫게 하는 능력이기 때문이다. 그것이 영이 해야 할 일이다. 하지만 인간은 끼니 때문에 싸움질을 일삼고, 다른 사람보다 좀 더 빨리 가려고 이런 모든 악의적인 수법들을 쓰고 있다. 당신들 모두가 그렇다.

이러한 사실과 가르침이 문제시되는 것은, 이것이 당신 삶에서 막대한 부분을 차지하고 있다는 점 때문이다. 어떻게 당신은 한 끼도 거르지 않으면서, 당신 영은 굶주려 죽게 만드는가? 하고 영의 굶주림에 대해 내가 이야기했던 것을 기억하라. 말하자면, 이런 것이 바로 여기 언급되는 문제이다. 영을 굶주리게 하는 당신 인간성과 당신 인간성의 신경망에 당신은 너무도 깊숙이 빠져 있다. 당신이 그 곳에 고요히 앉아, 연꽃에서 천 개의 꽃잎을 시각적으로 구현할 때까지, 피어나는 연꽃에 포커스하도록 그렇게 극단적으로 당신을 가르쳐야 한다. 우리가 그렇게 할 수 있을 때만이, 영이 두뇌를 지배하고 인간성을 완전히 제거한다. 왜 우리는 그러기를 바라는가? 그 이유는, 당신의 목표가 궁극적이고 말도 안 되는 기적과도 같은 불멸의 존재가 되는 것이라면, 이 인간성과 인간성의 신경망은 당신이 하는 모든 일을 훼손하고 약화시킬 것이므로, 당신은 반드시 이것을 제거해야 하기 때문이다. 당신들은 진화를 위해서가 아닌 생존을 위한 포커스에서 출발할 것이다. 당신이 생존을 위해 포커스할 때, 당신 자신이 풍요가 아닌 결핍의 에너지로부터 비롯되고 있음을 당신은 알고 있었나?

자, 이 놀라운 메시지에 귀를 기울여라. 당신이 생존 욕구를 위해 포커스를 하고 있다면, 당신 삶에 당장 어떤 일이 일어나는지 아는가? 어떤 일이 일어날지 목록으로 써보자. 고통, 불안, 공포, 적의, 의심, 성공, 실패, 결핍, 선입견. 이 단어들이 귀에 익숙한가? 당신이 정말 필요로 하는 무언가에 포커스를 시작한 그 순간, 난데없이 감정체가 툭 튀어 나와 진군하는 군대처럼 앞을 가로 막는 모든 것들을 참수하고 베어버린다. 당신은 험악하고 몹시 흥분한 상태로 깨어났지만, 왜 그러는지 그 이유조차 모른다. 고양이를 발로 차고, 요리사를 해고하고, 타이어는 펑크 난다. 이것들이 어디서 비롯되었나? 당신이다. 이것이 근본적으로 생존에 엮여 있기 때문에 그렇다. 그래서 당신이 욕망에 포커스를 하면 그것은 당신이 결핍에 있음을 뜻한다. 이는 이런 다른 모든 것들과 함께 생존과 결부되어 있다. 생존을 위한 당신의 신경망은 그것생존과 함께 결부되어 있는 그것들을 점화해버린다. 이렇게 당신의 분노를 설명할 수 있다. 친구가 잘 되면 당신은 같이 행복해 하지 않고, 대신 마음에 없는 빈 말을 한다. "네가 너무 자랑스럽고 기분이 좋아", 하지만 속으로는 친구의 배짱을 싫어한다. 그 친구는 그런 일을 당할 이유가 없다. 그 친구가 무엇을 했길래? 당신은 친구를 시기하고 질투한다. 당신은 몰래 그들을 미워한다. 이 모든 상황은 어디에서 비롯되었을까? 바로 생존에서 비롯된 것이다. 따라서 당신이 필요로 하는 무언가를 구현하도록 포커스를 시작한 때면 언제나, 당신은 이런 그림을 펼칠 것이고, 이것은 왜 그런지 설명해 준다.

우리는 이러한 고민거리의 범위와 규모를 상세히 다룰 충분한 시간이 없다. 허나 분명한 것은, 이는 남자와 여자가 만든 것이고, 생존 때문이고, 당신의 지식과 앎 대신 욕구와 욕망을 위해 가진 것을 팔아 치우기 때문이라는 것이다.

원하지 않는 감정 신경 경로 플러그 뽑기

그것이, 예수와 벤 조셉이 "잘 들어라, 네 눈이 악을 계속 본다면 네 눈을 뽑아버려라. 만일 네 팔이 악을 계속 행한다면 네 팔을 잘라 버려라. 네 다리가 계속 술집으로 달려간다면 네 다리를 잘라버려라"라고 말한 이유이다. 그런데 안타깝게도 예수와 벤 조셉의 말을 곧이곧대로 받아들인 많은 수도승들이, 자신의 성기가 마음대로 되지 않는다 하여 말 그대로 성기를 잘라버리는 바람에, 한 때 거세가 하나의 풍조를 이루었다. 거세는 문제를 처리하긴 했다.

이것이 뜻하는 바는 당신이 이러한 신경망의 플러그를 뽑아버린다는 말이다. 그리고 당신 두뇌는 너무나도 능률적이어서 당신이 무언가에 포커스를 할 때, 두뇌는 기어를 바꾸고, 그 신경망은 작동하기 시작한다. 이것이 무엇처럼 보이나? 이는 적외선에서 입체적으로 바로 저기에 자리 잡고 있다. 멋지지 않은가? 이는 그 모든 것들을 점화하고 있다. 그것들은 여기에 자리잡고서 당신 미래에 그림자를 드리우고 있다. 그리고 당신은 필요로 하는 것을 얻는 대신, 쓸데 없는 것만 잔뜩 얻는다.

우리는 그것들의 플러그를 뽑아버리고자 한다. 우리는 그것들을 잘라내고자 한다. 우리는 그것들을 처리하고자 한다. 하지만 어떻게 그것들을 처리한단 말인가? 불교도들한테는 아주 멋진 해법이 있었다. 앉는다. 그리고 천 개의 꽃잎을 가진 연꽃이 피어나는 것에 포커스하는 것이다. 미칠 것 같은 서구인들은 자신의 머리를 긁으며 말했다. "도대체 이렇게 하는 것이 불안과 무슨 상관이 있습니까?" 그러자 불교도가 말했다. "모든 면에서 상관이 있지요."

왜 우리는 그가 그렇게 하도록 하는가? 왜냐하면, 그가 변화에 대해 진지해지면, 조만간 그는 주위의 장을 먹어 치우고, 비전을 완성하기 위해 신경망을 먹어 치울 생각의 홀로그램 하나를 창조할 것이기 때문이다. 이것이 뭐 하는 것처럼 보이나? 이것은 그저 플러그를 뽑는 일이다. 천천히 그리고 확실하게 플러그를 뽑히기 시작한다.

이제 과학은 저속 촬영을 통해, 하나의 새로운 생각이 지속적으로 덧씌워지면, 수상 돌기의 시냅스 틈새에 있던 이러한 작은 뉴런들이 쪼그라들기 시작하고, 그것들이 최종적으로 플러그에 꽂히기 전까지는 다른 어딘가에 연결되어 있다는 것을 입증하였다. 우리가 이런 신경망의 플러그를 뽑아야 하는 일이 일어나는 것이다. 어떤 마스터도 그들 뇌 속에 자리 잡고 있는 이러한 태도를 묵인할 수 없다. 그들은 그들이 신중하게 해온 포커스된 생각을 창조함으로써 그렇게 한다. 행여 익숙한 생각이 끼어들면, 그 순간 다가올 비전으로 그 친숙한 생각을 대체한다. 그들이 정신 없이 생각을 하거나 결핍에서 생각을 하려는 순간에 그들은 그것을 알아차린다.

결핍은 하나의 감정으로 나타나기 시작하기 때문에, 그들은 그것을 새로운 생각으로 대체한다. 그리고 그들은 플러그가 완전히 뽑힐 때까지 새로운 생각에 포커스를 계속 유지한다. 그러면 감정체는 서서히 진정되기 시작한다. 그러면 그들이 시기심이나 부러움을 느끼려고 하는 그 다음 번에, 그들은 준비해 둔 연꽃 한 송이의 모습을 이미 가지고 있다. 그리고 그들이 감정적으로 격해져 그런 느낌을 느끼기 시작하는 그 다음 번에, 그들은 연꽃이 그려진 카드나 이 생각의 형상에 포커스를 시작한다. 그들은 자신들의 뇌가 플러그를 뽑고, 대성당의 건축으로 옮겨가도록 억지로 밀어 부친다. 그래서 그들이 대성당을 건축하면, 그 감정체는 진정하기 시작한다. 그들은 30일 동안 이 작업을 해야 할 것이다. 그 30일이 끝날 무렵, 그들은 마침내 신경망의 갈등을 지혜로 바꿔 해결할 것이다. 플러그는 두뇌 내에서 영원히 뽑힐 것이고, 지혜로만 남을 것이다. 왜냐하면 지혜는 해마 안에 장기 기억으로 저장되기 때문이다. 여기에 인간 존재의 정신적 장치가 하는 근본적이고 일상적인 일은 더 이상 없다. 서서히 우리는 이 모든 태도들의 플러그를 뽑을 것이고, 우리가 그 모든 플러그를 다 뽑았을 때, 우리는 그것을 새로운 모델로 대체하고 그 신경망으로 재구성하도록 밀어부친다.

우리의 감정체를 정복하고, 우리 자신을 정복하기

당신은 이렇게 하기를 원해야 한다. 당신 자신을 정복하기를 원해야 한다. 벨 샤나이는 젊은 청년이었던 내게 검劍을 주면서 말했다. "여기 있어요. 람, 가서 자신을 정복하세요." 나 자신을 정복하라는 말은, 내가 오늘 당신에게 가르치고 있는 것, 정확히 그것을 가리킨다. 그리하여 나는 내가 가진 증오, 분노, 비통함 그리고 무지의 플러그를 계속 뽑아 나갔고, 그 플러그들을 본성에 다시 꽂았다. 시간이 지나 내 에너지는 단 한 생에 격분에서 깨달음으로 이동하였다. 내가 그것을 원했다.

당신도 이것을 원해야 한다. 내가 트렁크로 가 의심이라는 옷을 끄집어 내버린 것처럼, 나는 작은 힘을 갖기 바랐기 때문에, 정말로 내 비전에 의심을 보태고 싶지 않았다. 나는 의심이라는 플러그를 뽑을 수 있기를 바랐다. 만약 내가 비전에 내 의심을 보태면, 나는 의심에게 내 힘을 주는 게 되어버린다. 이것이 인간성을 보호하는 핵심 요지이다. 의심은 당신이 들고 다니는 검이다. 그 검으로 당신이 하고 싶은 대로 뭐든지 잘라내 버릴 수 있다. 그리고 그렇게 하는 것이 완전히 받아들여질 것이다. 하지만 그 의심이라는 검을 던져 버려야 의심으로부터 자유로울 수 있고, 내가 더 이상 의심하지 않아야만 나는 바람이 될 수 있다.

그럼 이제, 나는 감정에 대한 설명으로 마무리를 지을까 한다. 감정은 물질적 육체 안에 있는 감정체라 부르는 그것을 말한다. 두뇌에 대해 배웠기 때문에, 이제 당신은 감정이 신경 경로의 점화에 따른 세포 반사 작용이라는 것을 이해한다. 별 것 아니다. 다만 카드에 인사 말씀을 쓸 때 "당신이 내 세포들을 반영해줘서 고마워요" 라고 쓰는 게 썩 좋아 보이지 않는다는 것만 빼고는.

이제 당신은, 몸을 돌보려는 두뇌의 욕구가 생존을 유지하기 위한 욕구에 기반하고 있다는 점에서, 우리가 인간 드라마 속에 해결하기 힘든 딜레마를 안고 있다는 것을 이해한다. 생존을 이유로, 퍼스널리티의 근간은 이러한 다양한 감정들을 일어나게끔 하고 있다. 그리고 그런 감정들은 그것들의 신경 중심이나 신경망 내에서 조금식 변경되고 다르다는 이유만으로 다양한 단계를 가진다. 신경세포의 축삭 돌기는 3~4피트의 길이가 될 수 있다는 것을 기억하라. 그 때 우리는, 이러한 신경 다발을 가진 그것이 시상視床thalamus으로부터 문에 들어오는 것을, 그리고 몸 전체로 완전히 이동하는 것을 보기 시작한다. 또한 두뇌 내 각 신경망은 몸에서 근육이나 세포의 반사 작용을 유발한다.

그렇게 될 때, 만약 당신이 화를 내고 있으면, 당신 두뇌는 그 환경에 맞춰, 일어난 일에 대한 격퇴를 점화한다. 두뇌가 유발하는 것은 몸에서 일어나는 전투/도피 증후군이다. 분노라는 감정은 전투를 하거나 도망갈 수 있도록 몸을 준비시키는데, 이는 장의 활동이 멈추어야 되는 부신의 작동, 즉 부신 호르몬을 혈류 속으로 퍼부어 신경이 근육과 힘줄에 반응하도록 만듦으로써, 또한 감정적 방어를 위해 모든 피를 근육으로 몰아 줌으로써 그렇게 한다. 그리하여 감정체는 그 때 이러한 각 신경망 프로그램과 엮이게 된다. 그리고 그 프로그램 자체가 하나의 코드이다. 이것은 두뇌가 하지, 몸은 할 수 없다. 몸이 두뇌로부터 이러한 신호들을 받는 즉시, 각 몸의 기능들은 그에 따른 반응을 해야 한다. 당신 심장은 빠른 속도로 뛰기 시작한다. 당신은 심장을 움켜잡는다. 그리고 긴장과 스트레스 상태 속으로 들어간다. 그것은 당신 몸이 두뇌의 감정적 신경 경로에 반응하고 있기 때문이다.

몸은 여기 위에 홀로그램을 쏘는 두뇌의 수신기이다. 이 홀로그램은 당신이 경험할 운명을 미래에 드리울 뿐만 아니라, 물질적 몸의 반응을 지연시키기도 한다. 내가 당신에게 몸은 과거에 살고 있다고 말할 때, 우리는 여기에서 현재 일어나고 있는 것이 미래의 여기서도 일어나고 있다는 것을 알고, 또한 그것을 맨 마지막에 수신하는 것이 몸이라는 것을 안다. 우리가 화를 멈춘 한참 뒤에도 당신 몸은 여전히 땀을 흘리고 있다. 우리는 이것을 감정체라 부른다.

이러한 각 신경망에는 울기, 분노, 스트레스, 행복감과 같이, 그에 맞게 요구되는 다양한 정도의 물질적 반응이 있다. 당신들 모두 그 느낌을 잘 알고 있다. 한 사람이 감정 주기라고 하는 것에 들어갔다는 말은, 버튼들 중 하나를 누름으로써 시작되는 그들 환경 내 어떤 것을 유발했다는 뜻이다. 그 버튼들은 점화를 시작한다. 그리하여 그것은 몸에 물질적 반응을 일으킨다. 그 물질적 반응은 우는 것이 될 수도 있고, 우울이나 분노 혹은 변덕스러운 행동이 될 수도 있다. 그러는 동안, 여기 이 신경망은 미래를 향해 적외선 그림자를 드리운다. 당신이 감정적 상태에 있는 동안, 시간이 흐르고 당신은 이틀 전에 창조했던 것을 이제 경험하기 시작한다. 그리고 그 때 그 경험은 당신을 더욱 화가 나도록 만든다. 이것을 뭐라고 하는 줄 아나? 비로 치면, 그것은 장대비다. 그리고 이것이 주기다.

자, 이러니 당신이 왜 울고 왜 우울한가? 당신은 그렇게 했다. 그것을 바꿔라. 왜 우는 것을 멈출 수 없나? 당신이 멈추지 않는다면, 당신은 그 주기대로 계속 갈 수 밖에 없다. 한술 더 뜨면 당신은 아주 슬픈 미래를 창조할 것이다.

당신이 이러한 트라우마의 플러그를 뽑지 않는다면 당신에게 일어날 일은, 과거에 살고 있는 몸이, 당신이 공급하고 있는 모든 영양분에 대한 셀사이트cell-site 수용기의 활동 정지 −전투를 위해 굶고 있기 때문에− 로 인해 매우 지치게 될 것이다. 그리하여 당신이 그 몸에 무엇을 먹이건, 몸은 먹기를 거부하고 먹는 것은 지방의 형태로 저장한다. 그런 몸에 일어날 일이란 쇠약함과 죽음뿐이다. 그리고 그 몸은 지금 산성이 기반인 환경에 살고 있기 때문에, 이미 당신 몸에 잠재하고 있던 온갖 질병들이 몸을 차지하고 번창할 것이다.

어떤 사람이 우울할 때는, 매일 그들 미래에 계속 창조하고 있는 감정 주기의 신경망에 사로잡혀 있기 때문이다. 이는 당신이 알고 있는 것을 자각하도록 지속적으로 일깨우는 람타 깨달음 학교의 그 어떤 마스터에게도 용납되지 않는 일이다.

마스터의 도덕적 의무:
지식을 적용하여 실천하기

당신이 아는 앎, 그것을 당신 삶에 적용하지 않는다면 당신은 마스터라 불릴 자격이 없다. 새로운 패러다임을 창조하고, 그것에 포커스 할 수 있는 지혜 못지 않은 지식까지 당신에게 주어졌기 때문이다. 당신 몸이 어떤 날은 슬피 울 거라는 것을 이해하라. 하지만 새로운 생각은 모양이 갖춰졌고, 그것은 당신이 모양을 갖추도록 했다. 감정체가 진정되었을 때에는, 그 감정의 신경망은 플러그가 뽑힌 상태이다. 그 때 당신은 그 감정을 일으킨 원인을 찾아서 돌아다녀서는 안 된다. 그 원인은 당신 안에 있다. 당신이 그 감정의 원인을 내면에서 찾아 정정하면, 당신을 둘러싼 환경은 그에 맞춰 조정된다.

여기서 배운 것을 적용하지 않으면, 당신을 마스터라 부를 수 없다. 그 이유는 내가 당신에게 가르쳤던 이 모든 지식들, 이것이 어마어마한 만큼 그 지식들은 당신에게 공허한 철학으로 남겨질 뿐이기 때문이다. 당신 자신이 다음 끼니보다 중요하지 않다면, 당신은 삶이란 게임에서 진 것이다. 그 말은 당신이 인간성을 위해, 영을 폐기했다는 뜻이기 때문이다. 또한 당신이 어떤 몸으로 태어났건, 당신 몸을 이 삶의 주기의 궁극적인 운명으로 받아들여야 하는 사람은 아무도 없다. 만약 그렇게 받아들인다면, 당신은 영적 마스터는 아니기 때문이다. 당신은 그저 훌륭한 지혜를 놓고도 좋다고 말만 할 뿐, 삶에 적용하지는 않는 한낱 보잘것없는 인간일 뿐이다.

태어난 그대로 사는 사람은 아무도 없다. 모든 사람들이 그들의 일상적인 삶에 영향을 주는 유전자를 바꿀 수 있다. 뿐만 아니라, 그들의 행동을 바꿀 수도 있다. 그리하여 그들의 DNA를 변경시켜 그들의 육체를 바꿀 수 있다. 어느 누구도 나에게 "나는 이대로의 나다 I am what I am"라고 말해서는 안 된다. 왜냐하면 이 곳의 모두가 지금 자신들의 삶을 바꿀 능력을 가지고 있기 때문이다.

내가 지상에 살았을 때에 나는 항상 군사지도자가 되는 것에 흥미를 갖고 있다는 것을 알았다. 이를테면 나는 나를 둘러싼 환경을 파괴하는 것을 좋아했다. 그리하여 내가 원하는 방식으로 그 환경을 바라볼 수 있었다. 깨달음은 내가 나의 내면 환경을 파괴하고 바깥에 홀로 남겨졌을 때 찾아왔다. 그것은 고요하고 아름답게 이루어졌다.

사람들은 자신들의 세계를 파괴하고, 그들이 그들 자신을 어떻게 생각하는가에 따라 바꾸는 것을 좋아한다. "음, 난 그냥 이래. 신이 나를 이렇게 만든 거지."

나는 인상 깊지 않다. 당신은 절대 당신의 무지를 보여서는 안 된다. 그런 종류의 사람들은 자신이 속한 환경과 자연에다 전쟁을 선포하고 싶어 한다. 그들은 그들에게 맞추기 위해 창조물에 전쟁을 일으키고 싶어 한다. 그래서 그들은 검을 들고 삶 전체를 무력화시키느라 뛰어다닌다. 그들은 자신들을 반영하기 위해 삶을 조각하고 있는 것이다. 그들이 변하기를 바라는 것은 그들에게 일어나지 않았다. 그들이 변할 때 환경은 변할 것이다. "신이 지금의 나를 이런 식으로 만드셨어. 그러니 나는 밖으로 나가 모든 것을 내가 원하는 방식대로 만들 거야"라고 말하는 이런 사람들은 영적 빈곤하며, 하물며 마스터와는 털끝만큼도 관계없다.

혹 당신이 자신의 인간성에 만족한다면, 당신은 당신 영을 굶겨 죽이는 것이다. 혹 당신이 당신 몸에 만족한다면, 최종적으로는 죽음을 맞이해 무덤으로 갈 것이고, 그리고 당신은 다시 태어날 것이며, 신은 다음 탈 것다시 태어났을 때의 몸이 어떤 모습일지 안다. 당신이 물질적인 데서 벗어나 좀 더 영적인 사람이 되려고 하지 않는다면, 당신에게 생존의 기회는 전무하다.

하지만 당신이 영적인 사람이 될 때, 당신은 결핍 속에 살지 않는다. 당신은 풍요이다. 당신이 영적인 사람이 되면, 당신에게 불안 같은 것은 없을 것이다. 오직 삶이 있을 뿐. 당신이 영적인 사람이 되면 다만 진화할 뿐, 당신에게는 좋고 나쁜 것이 없을 것이다. 당신이 영적인 사람이 된다면, 당신을 기분 좋게 해주는 사람에게 기대서는 안 된다. 왜냐하면 영에게는 그런 것이 들어갈 자리가 없기 때문이다. 당신이 영적인 사람이 되면, 당신은 자신의 마음이 얼마나 훌륭해질 것인지를 알고 놀라움과 충격에 휩싸일 것이다. 당신이 한 사람의 인간이 되는 그 날, 당신은 그 훌륭함이 어디로 갔는지 의아해 충격을 받을 것이고 실망할 것이다.

누구도 자신의 행동에 대한 핑계거리로 자신의 몸을 사용해서는 안 된다. 우리는 변화하기 위해 배울 것이고, 우리가 거했던 물질적 도구보다 더 위대해지기 위해 배울 것이다. 그리고 우리의 은총으로, 스쳐 지나가는 것이 아닌 불멸의 것이 되도록 우리는 몸을 바꿀 것이다. 당신이 어떻게 보일지에 대해 그다지 개의치 않고, 당신이 어떻게 생각하는지에 더 관심을 가지는 그 날, 나는 아주 감명받을 것이다. 그럴지어다 So Be it.

이 가르침을 공개할 것이다. 나는 우리가 이를 "공중 부양하는 붓다가 되는 신경망", 그리고 그 2부를 "천 개의 꽃잎을 가진 꽃: 인간 갈등의 해소"라고 불러야 한다는 느낌이 든다.

나는 오늘 밤 자기 전에 당신이 내일을 창조하기를 바란다. 당신이 기쁨 속에서 일어나기를, 그리고 그 날 일어날 일에 대해 열광하기를, 배웠던 당신의 모든 지식을 삶에 적용할 수 있기를, 그리고 그 속에서 당신이 진리를 발견하고, 그것이 실제로 작용하고, 진정 당신의 낮은 자아보다 더 위대한 존재가 되는 방법이 있다는 사실을 알고 기쁨에 넘치기를, 나는 당신이 그런 자신을 보기 바란다. 내일을 위해 그것을 창조하라. 내일 그렇게 일어날지 모른다.

그 때까지 내가 당신에게 반했다는 것을, 내가 당신을 흠모하고 사랑하고, 내가 말한 모든 것을 당신이 공히 동의하는 그 날을 내가 축복할 것이라는 걸 당신은 알아야 한다. 그럴지어다 So Be It. 그게 다다.

-----람타

맺음말

메타그램 – 두뇌의 비밀 언어

람타: 오늘 밤 공부가 되었나?

음악: 네.

람타: 들었던 것이 자네 마음에 들었나? 나는 나 자신을 억누를 수 없었다.

음악: 저는 소리가 커지면 주파수가 바뀐다는 것을 몰랐습니다.

람타: 물론 그것은 그렇다.

음악: 당신이 피아노 건반을 치면, 그것이 점차 부드러워지면서 배음 안에 굴곡이 있다는 것을 저는 압니다. 하지만 하나의 음을 취하고 그것을 연주해 같은 음의 소리가 커지는 것은 C,D,E,F처럼 되고 G는 헤르츠나 적외선처럼 되는 것인가요? (람타는 '제3종種과의 근접 조우'라는 영화의 테마 곡을 부른다)[9] 그런데 그 곡은 5개의 다른 배음입니다. 그것들이 음의 높이입니다.

람타: 그러나 그것들은 큰 소리로 연주되지 않았나?

음악: 네.

람타: 소리가 너무 커서 자네가 더 이상 들을 수 없는 소리의 지점이 있다는 것을 자네는 안다. 소리의 크기는 그저 예일 뿐이지. 모든 사람들은 음조를 이해할 수 있지만, 눈에 보이지 않는다는 것을 이해하지 못한다. 만약

---

9 '제3종種과의 근접 조우 Close Encounters of the Third Kind' (콜롬비아 모션 픽쳐, 리처드 드레이퍼스, 프랑소와 트뤼포 주연, 1977년)

가장 큰 소리, 가장 높은 단계의 음조를 취한다면, 소리는 사라질 것이다.

음악: 하지만 음의 높이를 바꿨잖아요?

람타: 아니, 절대로.

음악: 당신이 짧은 예를 들고 있었을 때, 당신은 노래를 다 했을 때까지도 목청을 돋웠습니다. 그러니 주파수는 음높이를 올리지 않는 거지요, 볼륨을 올리는 거지요?

람타: 그렇다. 그러나 거기에 얼마나 많은 주파수가 있는가?

음악: 음, 셀 수 없습니다.

람타: 정확하다, 그래서 그것들 각각은 높고 낮은 끝이 있지.

음악: 그리고 그것 전부가 음량에 해당합니까?

람타: 음량, 그것은 그렇게 많은 소리가 아니라 에너지를 방출할 수 있는 그것의 능력이다. 소리를 은유로 사용하라.

음악: 잠재 의식 속의 제 작은 B플랫은 매우 낮습니다.[10] 이것이 얼마나 많은 영향을 미칠 수 있습니까?

람타: 큰 영향을 미친다. 왜냐하면 크지 않아도 가장 영향력 있는 존재이기 때문이지. 그것은 수용 리듬을 늦추고 있다.

음악: 그렇군요.

람타: 그렇게 될지어다.

음악: 그리고 저를 혼란스럽게 하는 건, 당신이 칠판에 파형을 그렸을 때입니다. 제가 알고 있는 것은, 좁은 파형은 높은 주파수와 동일하고 그리고 느슨한 것은 파형, 낮은 것은 주파수라는 것입니다. 당신은 좁은 파

---

10 '리스트' 잠재의식이 있는 고대의 메아리(예: 마제스틱 프로덕션 1995), 개구리 합창과 함께 하는 데슈트강에서의 리스트(엠, 람타 깨달음 학교, 2005)

형과 느슨한 파형을 그렸죠. 하지만 그 때 당신은 낮은 파형이었지만 그것은 주파수 면에서 더 높아졌다고 설명했습니다.

람타: 어떻게 알지?

음악: 음, 더 느슨한 밴드/대역帶域band최대 주파수에서 최저 주파수까지의 구역을 말 하였습니다. 더 많은 공간이 있었죠.

람타: 존재여, 만약 우리가 그것들을 취해서 아코디언처럼 함께 붕괴시킨다 면, 동일한 주파수가 될 것이다. 달라질 뿐이지. 어느 날 자네는 내가 오늘 무엇을 가르치려고 했는지 이해하게 될 것이다. 왜냐하면 대부분의 사람들 은 봉쇄한 모든 것이 모든 상이한 시간에 동시에 존재한다는 것을 이해해 야 할 때, 사물에 대한 선형적 표현에 사로잡히기 때문이다. 그래서 우리는 어떻게 B플랫을 12번째 차원으로 이동하면서 여전히 B플랫이게 하는가?

음악: 음량을 높여서요.

람타: 주파수를 높여서지.

음악: 그러나 음높이가 높아져서 인간의 귀로는 들을 수 없는 지점이 있습니다.

람타: 그리고 낮아져서 자네가 들을 수 없는 지점도 있지.

음악: 차이가 뭔가요?

람타: B플랫은 귀로 들을 수 없는 방식으로 연주될 수 있다. 모든 악보가 그럴 수 있지.

음악: 정말 이해하고 싶습니다. 저는 배음이 무엇인지 알고 있습니다. 주파 수가 무엇인지 알고 있습니다. 악보가 무엇인지 알고 있습니다. 그러 나 이것들을 이해할 수 없습니다.

람타: 왜 자네는 여기에 포커스하지 않나?

음악: 제가 구해서 읽으려고 했던 모든 책들이 너무 수학적으로 풀어서, 제 머리로는 이해할 수 없습니다.

람타: 아, 그건 잊어버려. 내가 자네에게 러너를 보낼 것이다. 그 동안 자네는 자네가 연주하는 음이 다중 시간에 동시에 존재할 수 있다는 것에 대해 생각해봐라. 지금 자네가 배운 것에 따르면, 그렇게 하려면 주파수가 다른 시간에서 존재하기 위해 변경되어야 한다. 우리가 어떻게 피라미드에서 내려왔고, 우리가 어떻게 대기가 모습을 드러내게 하고, 이를 늘어나게 했는지를 기억하라, 우리가 이를 잡아 늘였기 때문에 나타난 것이다. 왜냐하면 우리가 그것을 집어 넣은 더 느린 시간과 실제로 다른 시간에 있기 때문이다. 7개의 차원level에 있는 B플랫을 생각해봐라. 그것은 여전히 B플랫일 것이다. 이것을 그런 방식으로 생각하라. 그리고 자네가 자네 마음을 비우면, 오늘 밤 칠판에 내가 썼던 것을 이해할 것이다.

음악: 저는 음악을 틀 때, 강당에 음악을 더 크게 틀면 틀수록 음악은 대강당에 있는 모든 것이 된다는 것을 알고 있습니다.

람타: 바로 그거다.

음악: 그래서 저는 제가 튼 음악이 어떻게 강당 안에서 압도적인 주파수가 될 건지, 어떻게 음악이 사람들을 그 속으로 빠져들게 하는지 알고 있습니다.

람타: 바로 그거다.

음악: 그러면 당신이 유사한 배음을 넣을 때("제3의 종과의 긴밀한 대면"이라는 영화에서 주제곡), 그 5개의 음표는 무엇입니까? 특정 음표의 순서는 두뇌에서 왜 다른 형상을 만드나요? 팬타그램5각별 모양을 만드는 것은 무엇인가요? 당신은 모차르트의 음악과 차이코프스키의 음악에 대해 이야기했습니다.

람타: 그렇다. 두뇌에는 비밀 언어가 있다. 이 비밀 언어는 두뇌가 특정한 메타그램metagrams을 형성하게 하지. 메타그램은 소리에서 유도된 홀로그램이다. 그래서 두뇌가 메타그램을 형성할 때 그것은 사실상 듣는

사람에게 일어날 상징적인 운명을 창조하고 있는 것이다. 허나 듣는 사람은 그것을 모른다. 메시지는 배음의 형태로 오는데, 배음이 뉴런들의 수준에서 공진할 때, 그 뉴런들은 이러한 성스러운 패턴들을 형성하도록 점화한다.

우리는 오늘 밤에 모든 뉴런들이 달리 양상을 만든다는 것을 이야기했다. 그래서 서로 다른 소리들이 존재할 것이다. 상이한 뉴런들이 반응하게 할 상이한 주파수의 B플랫이 있다. B플랫과 동일한 뉴런은 낮은 밴드에 있을 것이므로, 높은/하이 밴드에서는 반응하지 않을 것이다. 이해가 되는가?

음악: 네, 그런데 B플랫의 옥타브는 변하지 않습니까?

람타: 그렇다. 자네가 생각하고 있는 바로 그것이다. 그러나 우리가 다중 시간에 대해 이야기한다면, 하나의 옥타브는 여기서 옥타브의 변화와는 관계가 없고, 다른 어떤 상대적 시공간과 관계가 있다. 두뇌의 뉴런은 그 코드를 점화하는 법을 알고 있다. 그러니 뉴런에 있는 손가락들을 키보드의 키라고 생각해봐라.

음악: 어떤 배음이 그러한 패턴을 만들어내는지 어떻게 알까요?

람타: 왜 그것에 포커스하지 않나? 의식과 에너지가 현실의 본질을 창조하는 것 아닌가?

음악: 그렇습니다.

람타: 그리고, 더욱이 나는 오늘 밤에 지식을 얻고 습득하는 것이 더 위대한 현실을 만든다고 말하지 않았던가? 그래서 그 때 자네가 그것을 질문으로 던지면, 어떤 종류의 지식이 자네에게 오겠는가? 수도 없이 많다.

음악: 그렇게 될지어다.

람타: 그렇게 될지어다. 음악의 마스터여.

에필로그

이 모든 일이 어떻게 시작되었나

"다시 말해, 그의 모든 관심은
당신이 놀라운 사람이 되도록 이 곳에서 가르치는 것입니다."

제이지 나이트

내 이름은 제이지 나이트입니다. 그리고 나는 내 육체의 합법적 주인입니다. 람타와 나는 두 명의 다른 사람이며, 두 명의 다른 존재입니다. 우리 둘은 하나의 같은 현실을 공유하는데, 그것은 나의 육체입니다. 비록 우리의 모습이 비슷하게 보일지라도 똑같은 것은 아닙니다.

나는 아주 어릴 때부터 머릿속에서 말하는 목소리를 들어왔습니다. 나에게는 놀라운 일들이 많이 일어났으며, 그런 것들을 당연하게 여기며 살았습니다. 참으로 다행스럽게도 어머니는 사이킥 능력이 있는 사람이었고 그녀는 내가 보는 것들에 대해 절대 꾸중하지 않았습니다. 나는 평생 경이로운 경험들을 했지만, 가장 중요한 경험은 하느님에 대한 깊고 심오한 사랑이었으며 그것이 무엇인지 이해하여 그 사랑이 나의 일부가 되었다는 것입니다. 나이가 들어 교회에 다니게 되면서, 종교적 교리에 맞게 하느님을 이해하려고 노력했지만 내가 느끼고 아는 하느님과는 많이 달랐기에 무척 힘들었습니다.

람타는 내가 태어날 때부터 나와 함께 하였습니다. 항상 나와 함께 하는 훌륭한 힘이 있다는 것을 알았지만 그가 누구였으며, 무엇이었는지에 대해서는 전혀 알지 못했습니다. 내가 힘들 때 ―나는 아주 힘든 성장기를 보냈습니다 ― 마다 나에게 말을 거는 이 존재와 함께 항상 경이로운 경험을 하였습니다. 우리가 대화할 때 서로의 말을 정확하게 들을 수 있듯이 나는 람타의 말을 정확하게 들을 수 있었습니다. 람타는 내 인생에서 보통 사람들에게서 듣는 조언과는 아주 다른 많은 것들을 알게 해 주었습니다.

그가 실제로 내 앞에 모습을 드러낸 것은 나와 남편이 부엌에서 피라미드를 만들고 있었던 1977년 어느 일요일 오후였습니다. 우리는 하이킹과 배낭여행을 자주 했기 때문에 음식도 말리고 있었습니다. 그때 나는 내가 만든 영성한 피라미드 모양의 모자를 머리에 쓰고 있었는데 갑자기 부엌 한구석에 2미터가 넘는 키에 온몸에서 찬란한 빛이 나는 존재가 나타났습니다. 그는 아름답고 강렬했습니다. 당신은 오후 2시 반에 부엌에서 이런 일이 일어날 것이라고 절대 예상하지 못할 것입니다. 어느 누구도 그러한 일을 받아들일 수 없을 것입니다. 그렇게 람타는 그 시간에 자신의 모습으로 나타났습니다.

나는 그가 어디에서 왔는지 몰랐습니다. 내가 그에게 처음 했던 말은, "당신 정말 아름답군요. 누구시죠?"라는 것이었습니다. 그는 환하게 웃고 있었습니다. 그의 외모는 굉장히 멋졌습니다. 그는 "나는 람타이다. 나는 너를 시궁창에서 건져주기 위해 여기에 왔다."라고 말했습니다. 순진하게도 그때 나는 바닥에 무슨 일이 일어났거나 폭탄이 떨어진 줄 알고 얼른 부엌 바닥을 쳐다보았습니다. 그날 이후 그는 내 삶에 계속 나타났습니다. 그리고 그해 1977년에 아주 재미있는 일들이 많이 일어났습니다. 남편은 물론 어린 두 아들까지 람타를 만나 여러 가지 신기한 경험을 했습니다.

그 해 말 그는 자신이 누구인가에 대해서 힘들게 나를 가르치고 납득시킨 후, 어느 날 나에게 말했습니다. "나는 러너runner용어해설 참고를 통해 너에게 책을 보낼 것이다. 그 책을 읽으면 내가 누구인지 좀 더 이해할 수 있을 것이다." 그것은 「초인들의 삶과 가르침을 찾아서」베어드 T. 스폴딩 지음 정신세계사 출판라는 책이었습니다. 그 책을 읽은 후에야 람타가 책에 나오는 대사들과 같은 존재라는 것을 알게 되었으며, 그가 악마인지 아니면 하느님인지에 대한 오랜 고민에서 벗어날 수 있었습니다.

람타를 알게 된 후, 그는 오랫동안 우리 집 거실에 자주 나타났습니다. 2미터 10센티미터가 넘는 아름다운 존재가 편하게 소파에 앉아 나에게 말을 하고 가르쳤습니다. 그는 내가 어떤 질문을 어떻게 할 것인가를 이미 알고 있었지만 그가 알고 있다는 것을 그 당시에는 몰랐습니다.

1977년 이후 그는 무엇이든 편하게 질문할 수 있도록 참을성 있게 나를 대했습니다. 나는 그에 관한 질문이 아니라 신으로서의 나 자신에 대해 많은 질문을 했으며, 그는 자상하고 친절하게 답해주었습니다. 내가 종교적인 교리나 한계에 빠질 때마다 스스로 그것들을 깨닫고 빠져나올 수 있도록 가르치고 잡아주었습니다. 그럴 때마다 나는 그에게 말했습니다. "당신이 아주 참을성이 많고 자상하다는 것을 아세요?" 그러면 그는 웃으면서 자신이 3만 5천 살인데, 그 많은 시간 동안 너라면 무엇을 할 수 있었겠느냐며 되묻곤 했습니다. 내가 어떤 질문을 할 것인가를 그가 이미 알고 있었고, 그가 왜 그렇게 참을성이 많았는지 알기까지 10년이란 세월이 걸렸습니다. 그는 위대한 스승으로서 이러한 문제들을 스스로 다룰 수 있게 나에게 기회를 준 것이었습니다. 그는 거만하지 않고 우아하게 말했으며, 진정한 스승답게 나 스스로 모든 것을 깨달을 수 있게 하였습니다.

에필로그 - 이 모든 일이 어떻게 시작되었나

1979년 말부터 람타를 채널링한 일은 나에겐 아주 특별한 경험이었습니다. 람타는 2미터가 넘는 거구였으며, 항상 가운처럼 생긴 두 겹의 긴 옷을 입고 있었습니다. 매번 같은 옷을 입었음에도 아주 아름다워 전혀 질리지 않았습니다. 안에 걸친 가운은 눈처럼 하얀색으로 발끝까지 내려왔으며 그 위로 보라색의 또 다른 가운을 입었습니다. 자세히 보면 그것들은 옷감이 아니라 빛으로 만들어졌다는 것을 당신은 알 수 있을 것입니다. 투명한 빛이었지만 그것은 실제 옷처럼 보였습니다.

람타의 피부색을 가장 정확하게 표현한다면 계피색이라고 할 수 있습니다. 갈색도 아니고 흰색도 아니며 그렇다고 붉은색도 아닙니다. 이것들을 모두 합친 색이라고 할 수 있습니다. 그는 사람을 꿰뚫어보는 아주 깊고 까만 눈을 가졌으며, 그와 눈을 마주친다면 그가 당신의 모든 것을 꿰뚫어 본다는 사실을 알게 될 것입니다. 그의 눈썹은 마치 새의 날개가 이마 위에 있는 것처럼 보였습니다. 그는 견고한 턱과 아름다운 입술을 가지고 있으며, 행여 그가 웃을 때면 당신은 자신이 천국에 있다고 느낄 것입니다. 그의 손과 손가락은 아주 길었으며 자신의 생각을 표현할 때 자주 사용했습니다.

그가 내 몸에서 나를 실제로 빼내 터널 속으로 던져 버리면, 빛 기둥에 부딪혀 다른 세상으로 갔다 돌아온다고 -아이들은 학교에서 돌아올 시간이고 나는 겨우 아침 설거지를 끝냈을 뿐이라는 것을 알아차리며- 상상해 보십시오. 이처럼 이곳의 시간을 잃어버리는 것에 익숙해지기는 무척 힘들었습니다. 나는 내가 무엇을 하며 어디에 가는 지 이해하지 못했습니다. 그래서 우리는 많은 실습 훈련을 했는데, 오전 10시에 람타에 의해 유체 이탈한 후 흰 벽에서 나와 이 세상으로 다시 돌아오면 이미 오후 4시 30분이 되어 있었습니다. 이렇듯 나는 이곳에서 잃어버린 시간을 조정하기 위한 실제적인 문제를 갖고 있었습니다. 그것은 아주 재미있고 즐거운 경험이었지만 가끔은 아주 무서웠습니다. 람타가 당신을 몸에서 빼내 천장으로 내던진 후, "자 무엇이 보이는가?"라며 터널 속–그것을 표현하기에 가장 좋은 것은 다른 차원으로 가는 블랙홀일 것입니다–으로 던져 넣어 흰빛기둥에 부딪혀 당신이 기억을 잃는다고 상상해 보세요.

그는 내가 이 세상에 태어나기 전에 이미 하기로 약속했던 일을 가르치면서 나를 준비시켰습니다. 이 생에서의 나의 운명은 결혼하고 아이를 낳아 평범하게 살아가는 것이 아니라 역경을 극복하고 이전에 이미 일어나기로 계획된 일들이 일어나도록 하는 것이며, 그리고 그 일은 람타라는, 경이로운 의식과 함께 하는 것입니다.

람타에게 어울리는 옷을 입는 일은 쉽지 않았습니다. 정말 어떻게 해야 할지 몰랐습니다. 채널링을 처음 시작했을 때 나는 교회에 가는 것처럼 생각하며 정장을 하고 하이힐을 신었습니다. 그러나 람타에 대해 조금이라도 안다면, 그가 정장을 하고, 그의 생에서 한 번도 신어보지 않았던 하이힐을 신은 모습이 어땠을지 상상할 수 있을 것입니다.

내가 람타가 아니며 우리가 전혀 다른 존재라는 것, 그리고 당신이 이 육체를 가진 나와 이야기할 때 당신은 나와 대화를 하는 것이지, 그와 하는 것이 아니라는 것을 사람들에게 이해시키기가 무척 어려웠습니다. 인간이 신성한 마음을 가지고 있고 그것은 육체로부터 분리될 수 있다는 것에 대해서 사람들이 이해하지 못했기 때문에 처음 10여 년 동안 매스컴을 상대하기가

에필로그- 이 모든 일이 어떻게 시작되었나

무척 어려웠습니다.

　당신이 내 몸에 있는 람타를 본다 하더라도 이것은 여전히 나의 육체이며 그는 나와 전혀 다르게 생겼다는 것을 알아야 합니다. 그가 내 몸을 빌려 당신 앞에 나타난다 하더라도, 그의 위대한 힘과 능력이 줄어드는 것은 아닙니다. 사람들은 람타가 한 말에 대해서 자주 나에게 질문하지만, 내 몸을 떠나면 나는 인식할 수 없는 완전히 다른 시간대와 장소로 가기 때문에, 그들이 무슨 말을 하는지 전혀 알지 못합니다. 그가 당신과 아무리 오랜 시간을 보냈다 해도 나에게는 단지 3~5분처럼 느껴집니다. 내가 내 몸에 다시 돌아왔을 때, 하루가 지났어도 나는 그 하루의 어떤 시간도 보내지 않은 것입니다. 그가 당신에게 무슨 말을 했는지 듣지 못했으며, 그리고 그가 여기에서 무엇을 했는지 알지 못합니다. 내 몸은 지칠 대로 지쳐 있어, 나 자신을 추스르거나 옷을 갈아 입기 위해 계단을 올라갈 힘조차 남아 있지 않습니다.

　람타는 다른 사람들이 보거나 꿈조차 꾸지 못하는 놀라운 것들을 자주 보여 주었습니다. 덕분에 23번째 우주도 보았고, 특별한 존재들과 만나 생명이 태어나 사라지는 것도 보았습니다. 우리 세대의 사람들이 태어나서 살다가 죽어가는 것도 한 순간에 보았습니다. 역사적인 사건들을 직접 목격함으로써 그것들을 좀 더 상세하고 정확하게 알 수 있었습니다. 나는 다른 생에서의 내 육체 옆을 걸으며 그가 누구였는지 어떻게 하는지 볼 수 있었고, 사후 세계 또한 보았습니다. 이러한 경험들은 나에게 아주 귀하고 소중한 것이며, 살아가면서 그러한 것들을 볼 수 있다는 것은 진정한 축복이라고 생각합니다. 내가 보고 경험한 것들이 다른 사람들에게는 이상하게 들릴 것입니다. 그러한 곳을 전혀 가본 적이 없는 사람들에게 최선을 다해 설명한다 해도 그들을 이해시키기란 쉽지 않기 때문입니다.

나는 람타가 채널링이라는 방식으로 학생들을 가르치는 이유를 알고 있습니다. 어느 누구도 자신의 그늘 밑에 가려지기를 원치 않기 때문입니다. 다시 말해, 그의 모든 관심은 이곳에서 당신이 놀라운 사람이 되도록 가르치는 것입니다. 그는 이미 놀랄만한 존재이며 이것은 그가 신기한 현상을 일으키는 것에 관한 것이 아닙니다. 그렇지만 그가 당신에게 러너를 보낸다고 말했다면, 당신은 정말 그것들을 경험하게 될 것입니다. 이것이 그가 당신 앞에서 어떤 특별한 재주나 묘기를 보이려 했음을 의미하진 않습니다. 그러한 것은 그가 하려고 하는 일이 아닙니다. 그는 사람들이 자신을 숭배하거나 혹은 구루가 되기를 원하는 다른 신의 화신들과는 다릅니다.

그러므로 이제 일어날 일은 그가 당신을 가르치고 훈련하게 하여 경이로운 현상을 창조하도록 하는 것이며, 당신은 그것을 할 수 있을 것입니다. 그래서 어느 날 당신이 원하는 것을 자유자재로 구현할 수 있을 때, 자유자재로 유체 이탈하고 모든 이를 있는 그대로 사랑할 수 있을 때, 그리고 다른 사람들이 할 수 없는 일들을 마음대로 할 수 있을 때, 그는 당신의 삶에 홀연히 본연의 모습으로 나타날 것입니다. 그것은 당신이 그가 갖춘 능력을 공유할 수 있는 준비가 되었기 때문입니다.

만일 당신이 람타의 가르침에 관심이 생기고, 비록 볼 수는 없어도 그를 사랑하기 시작했다면 이것은 좋은 징조입니다. 왜냐하면 당신의 혼이 당신에게 중요한 것을 이번 생애에 펼치라고 재촉하는 것이기 때문입니다. 어쩌면 이것은 기존에 형성된 당신의 신경망과는 전혀 다른 것일지도

모릅니다. 당신의 인성이 당신과 싸우고 논쟁하겠지만, 당신의 혼이 그러한 경험을 하라고 재촉할 때 왜 그래야 하는지 당신은 명확하게 알게 될 것입니다.

당신이 하고자 하는 것이 바로 이것이라면, 당신은 인내심을 가지고 집중해서 이 일을 해야 합니다. 처음에는 무척 어렵겠지만 끈기 있게 이 일을 계속한다면, 어느 날 이 스승이 당신을 완전히 바꿀 것입니다. 어느 날 당신은 신화나 전설에 나오는 마스터들이 했던 경이로운 일들을 할 수 있는 능력을 갖게 될 것입니다. 당신은 그런 일들을 할 수 있을 것입니다. 이것이 바로 당신의 여정이기 때문입니다. 또한 궁극적으로, 그러한 능력은 인간의 형상 안에 실제 존재하는 하느님을 깨우는 것입니다.

이제 이것은 나의 여정이며 내 인생 전체의 여정이 되었습니다. 만일 이 일이 중요하지 않았다면 그리고 만일 이 일이 아니었다면, 그저 뉴에이지 경험을 하기 위해 온 소수의 사람들을 위해 내 삶의 대부분을 무의식 상태로 살지 않았을 것입니다. 이것은 뉴에이지와는 비교할 수 없는 위대한 경험입니다. 이것은 명상이나 요가보다 더욱 중요한 것입니다. 이것은 삶의 모든 부분에서의 의식 변화에 관한 것이며 우리의 마음을 무한하게 하는 것에 대한 것입니다. 그리하여 우리는 되고자 하는 모든 것이 될 수 있습니다.

내가 배웠던 것은 우리는 단지 우리가 보여줄 수 있는 능력만 보여줄 수 있다는 것이며, 당신 또한 이것을 알아야 합니다. 만일 당신이, 이러한 것을 알지 못하게 막는 것이 무엇인가 묻는다면, 우리가 가진 유일한 장벽은 의심하는 신경망 앞에서 자신을 믿고, 허용하고, 마음을 비우지 못하는 우리의 무

능력이라고 말하겠습니다. 그러한 의심을 극복하고 자신을 온전히 믿는다면 당신은 새로운 돌파구를 찾을 수 있을 것입니다. 왜냐하면 당신의 유일한 장애는 의심이기 때문입니다. 그러면 어느 날 당신도 나처럼 내가 보았던 모든 것들과 내게 보였던 모든 것들을 볼 수 있을 것입니다.

나는 다만 내가 존재한다는 것과 내가 하는 일을 사랑한다는 것을 여러분에게 보여주기 위해 이곳에 나오기를 원했습니다. 여러분이 람타를 스승으로 삼아 배우기를 원합니다. 무엇보다도 중요한 것은, 여러분이 계속 배우는 것입니다.

---- **제이지 나이트**

용어 해설

Analogical. 아날로지컬/ 합일된(한)

합일한다는 것은 지금 이 순간Now에 살고 있음을 뜻합니다. 이것은 창조의 순간이며, 시간, 과거, 감정으로부터 벗어나 있습니다.

Analogical mind. 아날로지컬 마인드/합일된(한) 마음

아날로지컬 마인드는 하나의 마음을 말합니다. 이는 1차 의식과 2차 의식/관찰자Observer와 퍼스널리티personality가 합일한 결과입니다. 우리 몸에 있는 4번째, 5번째, 6번째, 그리고 7번째 썰seal은 이러한 마음의 상태에서 열립니다. 인체를 감싸고 있는 두 개의 밴드 중 바깥의 밴드가 뒤집어지면서, 마치 큰 바퀴 속의 작은 바퀴가 구르듯 밴드가 서로 반대 방향으로 도는데, 이 때 전두엽에 있는 생각들이 굳어지고 구현되게 하는 강력한 소용돌이vortex를 창조합니다.

Bands, the. 밴드

밴드는 인체를 감싸고 잡아주는 7가지 주파수를 가진 띠, 2개를 말합니다. 각 밴드에 있는 7가지 주파수 각각은 인체에 있는 의식의 7가지 차원의 7개의 썰seal과 일치합니다. 밴드는 바이너리 마인드 Binary mind와 아날로지컬 마인드를 수용하는 오라장auric field입니다.

Binary mind. 바이너리 마인드

이것은 두 개의 마음을 말합니다. 이는, 우리의 깊은 잠재적 마음과 교류하지 않는 물질적 육체와 인성human personality의 지식을 이용함으로 인해 생산되는 마음입니다. 바이너리 마인드는 1번째, 2번, 3번째 썰과 대뇌 신피질의 지식, 감각, 사고 처리 과정에만 의존합니다. 4번째, 5번째, 6번째, 7번째 썰은 이 마음의 상태에서는 닫힌 채로 있습니다.

Blue Body®. 블루 바디

이것은 존재의 4번째 차원, 연결 의식, 자외선 주파수 밴드에 속한 몸입니다. 블루 바디는 라이트바디와 물질계 위에 존재합니다.

Blue Body® Dance. 블루 바디 댄스
이는 학생들의 의식적 자각을 4차원 의식으로 상승시키도록 하기 위해 람타가 가르치는 훈련입니다. 이 훈련은 우리가 블루 바디에 접근하도록 해주고, 4번째 씰이 열리도록 해줍니다.

Blue Body® Healing. 블루 바디 힐링
이것은 물질적 몸의 치유와 변화를 목적으로, 의식적 자각을 4차원 의식과 블루 바디로 끌어 올리기 위해 람타가 학생들에게 가르치는 훈련입니다.

Blue webs. 블루웹
블루 웹은 물질적 몸의 가장 미세한 수준의 기본 구조를 나타냅니다. 이것은 물질적 영역의 눈에 보이지 않는 골격 구조로서 자외선 주파수 차원에서 진동합니다.

Body/mind consciousness. 바디/마인드 의식
물질계와 인간의 육체에 속하는 의식입니다.

Book of Life. 생명의 서
람타는 혼soul을 생명의 서라고 말합니다. 생명의 서에는 개인의 하강과 진화의 전체 여정이 지혜의 형식으로 기록되어 있습니다.

C&E® = R.
Consciousness + Energy = Reality
의식과 에너지가 현실의 본질을 창조한다는 뜻입니다.

C&E®.
의식과 에너지의 약자입니다. C&E는 람타 깨달음 학교에서 의식의 상승과 구현을 위해 가르치는 기본 훈련법에 대한 서비스 마크service mark입니다. 이 훈련을 통하여 학생들은 마음을 아날로지컬 상태로 만드는 법, 상위 4개의 씰을 여는 법, 그리고 보이드Void로부터 현실을 창조하는 법을 배웁니다. 비기닝 리트리트(비기닝 이벤트)는, 람타 가르침의 기본적인 개념과 훈련법을 배우는 비기너 학생들을 위한 C&E® 입문 이벤트의 이름입니다. 이러한 입문자를 위한 가르침은 [람타, 현실 창조 입문서]를 참고하실 수 있습니다. 람타가 만든 훈련법과 테크닉을 배우기 원하는 학생들은, 람타 깨달음 학교에서 실시하는 이벤트에 개인적으로 참가함으로써 안내받을 수 있습니다.

Christwalk. 크라이스트 워크
람타가 고안한 것으로 완전히 의식이 깨어난 상태에서 아주 천천히 걷는 법을 배우는 훈련입니다.

용어 해설

이 훈련을 통해서 학생들은 한 발 한 발 걸으며 그리스도의 마음the mind of a Christ을 구현하는 것을 배웁니다.

Consciousness. 의식

의식은 보이드가 스스로 숙고하여 태어난 산물입니다. 모든 존재들의 본질이자 기본 구조입니다. 존재하는 모든 것은 의식에서 시작되었으며, 의식과 함께 흐르는 에너지를 통해 외적으로 구현된 것입니다. 의식의 흐름이란 신의 마음의 연속체를 의미합니다.

Consciousness and energy. 의식과 에너지

의식과 에너지는 창조의 역동적인 힘을 뜻하며 서로 불가분하게 결합되어 있습니다. 존재하는 모든 것은 의식에 기원을 두고 에너지의 조절을 통해 물질로 구현된 것입니다.

Create Your Day℠. 하루 창조하기

람타가 만든 훈련으로 하루를 시작하기 전인 이른 아침, 의식과 에너지를 끌어올려 그날 일어날 다양한 경험과 사건들을 강한 의도로 창조하는 기술입니다. 이 기술은 람타의 깨달음 학교에서만 독점적으로 가르칩니다.

Disciplines of the Great Work. 위대한 작업 훈련

람타의 고대 지혜 학교는 위대한 작업the Great Work에 전념합니다. 람타의 깨달음 학교RSE에서 하는 이 훈련 법들은 모두 람타에 의해 고안되고 완성되었습니다. 이것은 람타의 가르침을 처음 접하는 학생들이 직접 적용하고 경험할 수 있도록 하는 강력한 훈련법입니다.

Emotional body. 감정체

감정체는 과거의 감정, 태도 그리고 두뇌 신경망을 구성하고 개인의 개별적인 인성human personality을 결정하는 전기 화학적 패턴의 집합체입니다. 람타는 이것이 사람들을 깨어나지 못하게 하는 유혹이라고 설명합니다. 이것이 윤회의 원인입니다.

Emotions. 감정

감정은 경험의 육체적, 생화학적 효과입니다. 감정들은 과거에 속합니다. 감정은 두뇌의 신경 경로 내 지도로 이미 알려진 경험의 표현이기 때문에 과거에 속합니다.

Energy. 에너지

에너지는 언제나 의식과 함께합니다. 모든 의식은 역동적인 에너지 영향력을 동반하고 있으며 사방으로 방사되거나 스스로 자연스럽게 표현됩니다. 이처럼 모든 형태의 에너지는 각각 자신을 정의하

는 하나의 의식을 동반합니다.

Enlightenment. 깨달음

불멸성과 무한한 마음에 대한 인간의 완전한 각성을 말합니다. 척추 밑에 있는 쿤달리니 에너지가, 두뇌 내 잠자고 있는 부위들을 열어 주는 7번째 에너지 썰로 상승하여 일어나는 결과입니다. 에너지가 소뇌 하부와 중뇌로 들어가, 잠재 의식subconscious mind이 열릴 때, 눈부신 섬광을 보는 개인적인 경험을 깨달음이라고 합니다.

Evolution. 진화

진화는 가장 느린 주파수 레벨인 물질에서부터 가장 높은 의식 레벨인 제로 포인트로 돌아가는 여정을 의미합니다.

Fieldwork^{SM}. 필드 워크

람타 깨달음 학교의 기초 훈련 중 하나입니다. 학생들은 자신이 알고 싶거나 경험하고 싶은 것을 종이 카드에 상징으로 그려 창조하는 법을 배웁니다. 그런 후 카드의 뒷면이 밖으로 향하도록 큰 운동장 울타리 사면에 부착합니다. 학생들은 안대를 하고 그들의 상징에 정신을 집중한 채 자유롭게 걸으면서 자신의 카드를 찾습니다. 의식과 에너지 그리고 아날로지컬 마인드의 법칙이 이 훈련에 적용됩니다.

Fifth plane. 5차원

초의식superconsciousness과 X-ray 주파수 영역의 차원입니다. 또한 골드 차원 혹은 천국으로 알려져 있습니다.

Fifth seal. 5번째 썰

이 썰은 우리를 5차원에 접속시키는 우리의 영체spiritual body의 센터입니다. 이 곳은 갑상선, 그리고 이원론에서 벗어나 진리를 말하고 사는 것과 결부되어 있습니다.

First plane. 1차원

물질과 육체적 차원을 말합니다. 이미지image 의식 및 헤르츠 주파수의 차원입니다. 이는 응결된 의식과 에너지의 가장 느리고 밀도 높은 형태입니다.

First seal. 1번째 썰

생식기관, 성욕 그리고 생존과 결부되어 있습니다.

용어 해설

First three seals. 첫 3개 씰

성욕, 아픔과 고통, 그리고 통제하는 권력에 관한 씰들입니다. 모든 복잡한 인간 드라마 속에서 통상적으로 작용하는 씰이 바로 이것들입니다.

Fourth plane. 4차원

연결 의식 및 자외선 주파수의 영역입니다. 이 차원은 낡은 것을 파괴하고 새로운 것을 창조하는 시바의 차원으로 표현되며, 아직 에너지가 플러스와 마이너스 양극으로 분리되어 있지 않습니다. 육체의 지속적인 변화와 치유를 위해서는 4차원과 블루 바디에서 먼저 변화가 있어야 합니다. 4차원은 블루 차원 혹은 시바 차원으로도 불립니다.

Fourth seal. 4번째 씰

무조건적인 사랑이며 가슴샘과 결부되어 있습니다. 이 씰이 활성화되면, 호르몬이 분비되어 완전한 건강을 유지하고 노화를 중단시킵니다.

God. 신

람타의 모든 가르침은 한마디로 "당신은 신이다."라는 말로 요약할 수 있습니다. 람타는 인류를 '자신의 천성, 신성한 존재로서의 본성과 정체성을 망각해버린 잊혀진 신'이라고 말합니다. 람타의 도전적인 이 메시지는 종교적 맹신, 신성 그리고 지혜로 가는 참된 진리에 대한 오해로 점철된 현대인들을 일깨우고자 하는 뜻이 정확하게 표현되어 있습니다.

God within. 내면에 존재하는 신

이것은 관찰자, 위대한 자아, 1차 의식, 영, 그리고 인간에 내재하는 신을 의미합니다.

God/man. 신/남자

완전히 깨달은 상태에 있는 한 명의 인간.

God/woman. 신/여자

완전히 깨달은 상태에 있는 한 명의 인간.

Gods. 신들

신들은 455,000년 전 다른 별 시스템에서 지구로 온 진보한 기술을 가진 존재들입니다. 이 신들은 우리와 그들의 DNA를 섞어 유전적으로 조작하여 인류를 변화시켰습니다. 그들은 인간을 정복하고 인간의 신피질을 진화시켜 노동력으로 사용하였으며 이러한 일련의 일들에 대한 증거들은 수메르 서판과 공예품에 기록되어 있습니다. 또한 이 용어는 인간의 진정한 정체성, 즉 잊혀진 신들임을 표현하기 위해 사용되기도 합니다.

Golden body. 골든 바디
5 차원, 초 의식, X-ray 주파수에 속하는 육체입니다.

Great work. 위대한 작업
고대 지혜 학교의 지식을 실질적으로 적용하는 작업을 말합니다. 이것은 인간이 깨달음에 도달하여 불멸의 신성한 존재로 변하게 하는 모든 훈련들을 지칭합니다.

Grid^{SM}, The. 그리드
의식과 에너지를 끌어올려 정신적 심상화를 통해 의도적으로 제로포인트의 에너지 장과 현실의 구조에 접근할 수 있도록 하기 위해, 람타가 만든 훈련 테크닉의 서비스 마크service mark입니다. 이 테크닉은 람타 깨달음 학교RSE에서 독점적으로 가르칩니다.

Hierophant. 성스러운 사제
성스러운 사제는 그들이 가르치는 것을 스스로 구현할 뿐 아니라, 그의 학생들을 그러한 지식으로 입문하게 하는 마스터 스승입니다.

Hyperconsciousness. 하이퍼 의식
6 차원 및 감마선 주파수의 의식입니다.

Infinite Unknown. 무한 미지無限 未知
7 차원 및 울트라 의식의 주파수 밴드입니다.

Involution. 하강
제로 포인트 및 7 차원에서 시작하여 주파수가 가장 느리고 밀도가 가장 높은 물질계로 가는 여정을 말합니다.

JZ Knight. 제이지 나이트
제이지 나이트는 람타가 자신의 채널로 선정한 유일한 사람입니다. 람타는 제이지를 자신의 사랑스러운 딸이라고 말합니다. 그녀의 이름은 라마야였는데, 람타의 생애 동안 그에게 주어진 아이들 중 가장 나이가 많았다고 합니다.

Kundalini. 쿤달리니

쿤달리니 에너지는 인간의 생명력으로서 사춘기에 상위의 여러 에너지 씰에서 척추 밑으로 내려옵니다. 이것은 인간 진화를 위해 따로 저장된 큰 에너지 덩어리로 대개는 척추 밑바닥에 똬리를 튼 뱀의 모습으로 그려집니다. 이 에너지는 성욕, 아픔과 고통 그리고 권력, 희생과 관련된 처음 3개의 씰에서 나오는 에너지와는 다릅니다. 쿤달리지 에너지는 대개 잠자는 뱀 혹은 잠자는 용으로 표현되는데, 이 에너지가 정수리로 올라가는 여정을 깨달음의 길이라고 합니다. 이 여정이 시작될 때 잠자던 뱀이 깨어나 두 갈래로 나뉘어 척추 주위를 돌며 춤추기 시작하면, 척수가 이온화되고 분자구조가 변하게 됩니다. 이러한 작용은 중뇌와 잠재의식으로 가는 문이 열리도록 합니다.

Life review. 인생 회고
사람이 죽어 3차원에 도달하면 방금 떠난 전생을 바라보면서 회고하는 일이 일어납니다. 이때 그 사람은 관찰자, 배우, 그리고 자신이 행한 모든 행동을 받아들이는 수용자가 될 수 있는 기회를 갖습니다. 그 생에서 끝내지 못한 문제들이 인생 회고 혹은 빛의 회고시 나타나는데, 그러한 것들은 다음 생에서 해야 할 일이 됩니다.

Light, the. 빛
빛은 존재의 3차원을 의미합니다.

Lightbody. 라이트 바디
이것은 방사체the radiant body放射體와 같습니다. 이 몸은 의식적 자각 및 가시광선 주파수 밴드인 3차원에 속합니다.

List, the. 리스트
리스트는 람타가 가르치는 훈련 중 하나입니다. 학생들은 그들이 알고 경험하기를 원하는 사항들을 리스트로 적은 다음, 아날로지컬 의식 상태에서 집중하는 법을 배웁니다. 이 리스트는 사람의 신경망을 새롭게 디자인하고 바꾸며 재프로그래밍하기 위해 사용하는 지도와 같습니다. 이것은 그 사람의 내면에서, 그리고 그들의 현실 속에서 의미 있고 지속적인 변화가 일어나도록 도와 주는 도구입니다.

Make known the unknown. 미지의 것을 깨닫는다.
보이드가 가지고 있는 모든 무한한 가능성을 근원 의식이 구현하고 의식적인 자각을 불러오라는, 근원의식에 주어진 본래의 신성한 사명을 표현하는 말입니다. 이 말은 창조와 진화의 역동적인 과정에 강력한 영감을 주는 근본적인 의도를 표현합니다.

Mind. 마음

　마음은 뇌에 작용하여 각종 사고 형태, 홀로그램적 단편들, 또는 기억이라 불리는 신경 시냅스 패턴들을 일으키는 의식과 에너지 흐름의 산물입니다. 의식과 에너지의 흐름은 두뇌를 활발하게 유지하도록 하는 것입니다. 그것들은 힘의 원천입니다. 한 사람의 사고 능력은 의식과 에너지의 흐름에 마음을 부여하는 것입니다.

Mind of God. 신의 마음

　신의 마음은 어느 차원, 어느 시대, 어느 행성, 어느 별, 어느 우주 지역이건 지금까지 살았거나, 미래에 살아갈 모든 생명체의 마음과 지혜로 이루어집니다.

Mirror consciousness. 거울 의식

　제로 포인트가 보이드의 숙고하는 행위를 모방했을 때, 자신을 비추는 거울상像과 보이드의 탐험을 가능하게 한 기준점을 창조했습니다. 이 기준점을 거울 의식 혹은 2차 의식이라고 합니다. 용어 해설의 Self 참조.

Monkey-mind. 원숭이 마음

　인성personality이 가지고 있는 산만하고 불안정한 마음을 지칭합니다.

Mother/Father Principle. 모/부 원리

　모든 생명의 근원, 아버지, 영원한 어머니, 보이드를 뜻합니다. 람타의 가르침에서 근원과 창조주 God는 다릅니다. 창조주는 제로 포인트 및 1차 의식으로 간주하지만 근원이나 보이드 그 자체는 아닙니다.

Name-field. 네임 필드

　네임 필드는 필드워크 훈련을 실습하는 큰 운동장의 이름입니다.

Neighborhood Walk℠. 이웃 걷기

　의식과 에너지를 끌어올려서 더 이상 원치 않는 신경망과 고정된 사고의 패턴을 우리가 선택한 새 신경망으로 의도적으로 연결하고 변경시켜 새롭게 대체하는, 제이지 나이트가 고안한 훈련 기술의 서비스 마크service mark입니다. 이 테크닉은 람타 깨달음 학교RSE에서만 독점적으로 가르칩니다.

Neuronet. 신경망

　동일한 기능을 함께 수행하는 일련의 신경 그물 구조를 의미하며 '신경 그물망'의 줄임말 입니다.

용어 해설

Observer. 관찰자
양자 역학에서 입자/파동의 붕괴를 일으키게 하는 관찰자를 지칭하는 말입니다. 이것은 위대한 자아, 영, 1차 의식primary consciousness, 인간 내면에 존재하는 신을 의미합니다.

Outraeous. 엉뚱한
람타는 비범하고 별나며 예측할 수 없는 행동을 하는 아주 당당하고 열정적인 사람이나 사물을 긍정적으로 표현할 때 이 말을 사용합니다.

People, place, things, times, and events. 사람, 장소, 사물, 시간, 그리고 사건.
인간이 주로 경험하는 삶의 영역들로 인성이 감정적으로 집착하는 것들입니다. 이러한 영역들은 인간의 과거를 표현하며, 감정체의 내용을 구성합니다.

Personality, the. 퍼스널리티/ 인성
감정체Emotional body 참고

Plane of Bliss. 지복의 차원
혼들이 자신의 삶을 인생 회고한 후, 다음 생에 대한 계획을 세우기 위해 가는 휴식처입니다. 이곳은 또한 어떠한 고통이나 아픔, 필요나 결핍이 없고 모든 바람이 즉석에서 이루어지는 천국 혹은 낙원으로 알려졌습니다.

Plane of demonstration. 보여주는 차원
물질계는 보여주는 차원이라고도 불립니다. 이 세상에서 인간이 자신의 감정적 이해를 확장하기 위해 물질로 창조적 잠재력을 증명해보고, 물질적 형태로 표현된 의식을 목격하는 차원입니다.

Point Zero. 제로 포인트
보이드가 스스로 숙고를 통해 창조한 최초의 자각 포인트를 지칭합니다. 제로 포인트는 보이드의 최초의 자식이자 의식이 탄생한 곳입니다.

Primary consciousness. 1차 의식
관찰자, 위대한 자아, 인간 내면에 존재하는 신입니다.

Ram. 람
람이란 람타라는 이름을 짧게 부른 것입니다. 람타는 아버지 신the Father이라는 의미입니다.

Ramaya. 라마야

람타는 제이지 나이트를 자신의 사랑하는 딸이라고 부릅니다. 그녀는 라마야였으며, 람타의 생애에서 입양된 첫 번째 자식이었습니다. 람타는 러시아 대평원에서 버려진 라마야를 발견했습니다. 람타의 원정 기간 동안 많은 사람들이 그에 대한 사랑과 존경의 표시로 그들의 자식을 선물했으며, 이 아이들은 람타의 집에서 자랐습니다. 람타의 아이들은 133명까지 늘어났지만, 그의 혈통을 가진 자손은 한 명도 없었습니다.

Ramtha(etymology). 람타 (어원)

바람의 주, 깨달은 자 람타라는 명칭은 아버지 신the Father이라는 의미입니다. 또한 '람의 기적의 날'로 알려진 그 날 산에서 내려온 람을 지칭하는 말입니다. "이것은 아주 오래 전 고대에 있었던 일입니다. 고대 이집트에는 위대한 정복자 람에게 바친 대로가 있습니다. 그리고 그들은 람타의 대로를 걸어서 내려갈 수 있는 사람은 누구나 바람을 정복할 수 있다는 말을 이해할만큼 충분히 지혜로웠습니다." 노아의 손자인 아람의 이름은 아랍어인 아라—지구, 광대한 대륙— 에서, 람타는 높다라는 뜻에서 유래하였습니다. 샘족에서 이 이름은 높은 산에서 내려와 위대한 진군을 시작했음을 뜻합니다.

Runner. 러너

람타가 살았던 때 러너라는 말은 특별한 메시지나 정보를 가져오는 책임을 맡는 것을 뜻했습니다. 마스터 스승은 다른 사람들에게 러너를 보내는 능력을 가지고 있어서 그들의 말과 의도를 경험이나 사건의 형태로 구현하게 합니다.

Second plane. 2차원

사회적 의식 및 적외선 주파수 밴드가 존재하는 차원입니다. 통증과 고통과 결부되어 있으며, 이 차원은 가시광선 주파수인 3차원의 부정 극성極性 negative Polarity입니다.

Second seal. 2번째 씰

이 씰은 사회 의식과 적외선 주파수 밴드의 에너지 센터입니다. 통증과 고통의 경험과 결부되어 있으며 하복부에 위치합니다.

Secondary consciousness. 2차 의식

제로 포인트가 보이드의 숙고 행위를 모방했을 때, 자신을 비춘 거울상像을 창조했습니다. 그리고 이것은 보이드의 가능성을 탐험하는 기준점이 되었습니다. 이 기준점을 거울 의식 혹은 2차 의식이라고 합니다. 아래 자아Self, the 참조.

Self, the. 자아

용어 해설

자아는 인성personality과는 다른 인간의 진정한 정체성을 의미합니다. 이것은 그 사람의 초월적인 면이며 2차 의식, 미지의 것을 깨닫는 하강과 진화의 여정을 걷고 있는 여행자를 지칭합니다.

Sending-and-receiving. 샌딩 리시빙/ 송신과 수신

송신과 수신은 람타가 가르치는 훈련의 명칭입니다. 이 훈련에서 학생은 감각을 배제하고 중뇌의 능력만을 사용하여 정보에 접속하는 법을 배웁니다. 이 훈련은 학생들의 텔레파시와 예지력 등을 발달시킵니다.

Seven seals. 7개의 씰

인체 내 7단계의 의식을 구성하고 있는 강력한 에너지 센터들을 의미합니다. 2개의 밴드는, 이러한 씰들을 따라 인체가 에너지를 한데 잡아 두는 방법입니다. 모든 인간 존재에게는 에너지가 중심에서 소용돌이처럼 나오는 아래 3개의 씰 혹은 센터가 있습니다. 1번째, 2번째, 3번째 각각의 씰에서 나와 맥동하는 에너지는 각각 성욕, 통증, 권력으로 구현합니다. 상위 4개의 씰들이 열리면, 더 높은 수준의 자각awareness이 활성화됩니다.

Seventh plane. 7차원

울트라 의식ultraconsciousness과 무한 미지infinte Unknown 주파수 밴드의 차원입니다. 이 차원은 하강의 여정이 시작되는 곳입니다. 제로 포인트가 보이드의 숙고 행위를 모방했을 때 창조되었고 이어서 거울 의식 혹은 2차 의식이 창조되었습니다. 존재의 차원 혹은 공간과 시간의 관점은 두 개의 의식 포인트 사이에 존재합니다. 그 외의 모든 다른 차원은 7차원의 시간과 주파수 밴드가 느러지면서 창조된 것입니다.

Seventh seal. 7번째 씰

이 씰은 정수리, 뇌하수체 그리고 깨달음을 얻는 것과 결부되어 있습니다.

Shiva. 시바

시바신은 블루 차원 및 블루 바디를 대표합니다. 이는 힌두교에서 유일신을 의미하는 시바와는 다릅니다. 오히려 이것은 4차원 및 자외선 주파수 밴드에 속하는 의식 상태를 표현하는 것이며, 4번째 씰이 열리는 것을 의미합니다. 시바는 남성도 아니고 여성도 아닙니다. 4차원 세상의 에너지는 +, − 양극으로 갈라지지 않았기 때문에 시바는 양극의 존재입니다. 이것은 전통 힌두교에서의 부인이 있는 남성 신 시바와는 다른 아주 결정적인 차이점입니다. 시바의 발 밑에 있는 호랑이 가죽과 손에 들고 있는 삼지창 그리고 머리 위에 있는 태양과 달은 의식의 첫 3개 씰을 초월하여 육체를 지배했음을 상징하는 것입니다. 쿤달리니 에너지는 척추 아래에서부터 머리로 불같이 올라가는 에너지로 그려져 있습니다. 이 역시 힌두교에서 시바를 5번째 씰 혹은 목에서 나오는 뱀 에너지로 표현하는 것과는

다릅니다. 또 다른 상징적 이미지는 긴 실처럼 늘어뜨린 검은 머리카락과 수많은 진주로 된 목걸이들인데, 이것은 자신의 풍부한 경험이 지혜로 축적됐다는 것을 의미합니다. 화살 통, 활 그리고 화살은 시바가 그의 강력한 의지를 쏘아 불완전함을 무너뜨리고 새로운 것을 창조하는 것을 의미합니다.

Sixth plane. 6차원
하이퍼 의식hyperconsciousness 및 감마선 주파수 밴드의 영역입니다. 이 차원에서 전체 생명과 하나가 되는 존재의 자각을 경험합니다.

Sixth seal. 6번째 씰
이 씰은 송과선과 감마선 주파수 밴드와 결부되어 있습니다. 이 씰이 활성화될 때, 잠재의식subconscious mind이 알고 있는 것을 여과하고 베일을 씌우는 망상체가 열립니다. 두뇌가 열린다는 말은 이 씰이 열리고 이 의식과 에너지가 활성화된다는 것을 뜻합니다.

Social consciousness. 사회 의식
2 차원과 적외선 밴드의 의식입니다. 인성personality의 이미지이자 첫 3개 씰의 마음이라고도 합니다. 사회 의식은 인간 사회의 집단 의식을 지칭합니다. 이것은 인류가 가지는 동질적인 사고, 추측, 판단, 편견, 법, 도덕, 가치관, 태도, 그리고 감정의 집합입니다.

Soul. 혼
람타는 혼을 생명의 서라고 말합니다. 혼에는 개인의 하강과 진화의 모든 여정이 지혜의 형태로 기록됩니다.

Subconscious mind. 잠재 의식
잠재 의식은 소뇌 혹은 파충류 뇌에 자리 잡고 있습니다. 이 두뇌 부위에는 전두엽과 몸 전체에 독립적으로 연결할 수 있는 연결체계가 있으며, 모든 시대의 지혜인 신의 마음에 접속할 수 있는 힘을 가지고 있습니다.

Superconsciousness. 초의식
5 번째 차원 및 X-ray 주파수 밴드의 의식입니다.

Tahumo. 타후무
람타가 가르치는 훈련으로 학생들은 인간의 몸에 영향을 미치는 자연적 환경추위와 더위을 초월할 수 있는 능력을 가르치는 것입니다.

용어 해설

Tank field. 탱크 필드
탱크 훈련을 할 때 사용하는 미로가 있는 큰 운동장의 이름입니다.

Tank®, The. 탱크
람타 깨달음 학교의 훈련 중 하나로 미로를 사용하는 훈련의 이름입니다. 학생들은 안대로 눈을 가린 채 손으로 벽을 만지거나 눈 혹은 다른 감각을 사용하지 않고 오직 보이드에만 집중해 입구를 찾아 들어가는 것을 배웁니다. 이 훈련의 목표는 안대로 눈을 가린 상태에서 그 미로의 중앙이나 보이드를 대표하는 지정된 방을 찾는 것입니다.

Third plane. 3차원
자각 의식 및 가시광선 주파수 밴드 차원입니다. 또한 빛의 차원, 멘탈the mental plane으로도 알려져 있습니다. 블루 차원의 에너지가 이 주파수 밴드로 내려오면, 에너지는 플러스와 마이너스 양극으로 분리됩니다. 이 지점에서 혼이 둘로 분리되어 소울메이트 현상이 시작됩니다.

Third seal. 3번째 씰
이 씰은 의식적 자각conscious awareness 및 가시광선 주파수 밴드의 에너지 센터입니다. 통제, 독재, 희생, 그리고 권력과 결부되어 있습니다. 이것은 태양 신경총 부위에 위치합니다.

Thought. 생각
생각은 의식과 다릅니다. 두뇌는 어떤 의식의 흐름을 처리하여 생각이라는 신경학적, 전자적, 화학적으로 새겨진 조각들/홀로그램 사진으로 바꿉니다. 생각은 마음을 짓는 벽돌입니다.

Torsion Process℠. 토션 프로세스
람타가 고안한 것으로 의식과 에너지를 끌어올린 후, 마음을 사용하여 의도적으로 하나의 토션 장field을 창조하는 훈련 기술입니다. 이 훈련을 통해서 학생은 시간/공간에서 웜홀을 만드는 법, 현실을 바꾸는 법, 또한 사라지기, 공중 부양, 두 장소에 존재하기, 순간 이동 등과 같은 다차원적인 현상을 창조하는 법을 배웁니다. 이것은 람타의 깨달음 학교RSE에서 독점적으로 가르칩니다.

Twilight®. 트와일라잇
람타가 가르치는 훈련을 표현하기 위해 사용하는 말로서 학생들은 자신의 의식적 자각을 유지한 채, 육체를 깊은 수면과 유사한 정신적 상태 속으로 들어가는 법을 배우게 됩니다.

Ultraconsciousness. 울트라 의식
7차원 및 무한 미지 주파수 밴드의 의식입니다. 이것은 초탈한 마스터의 의식입니다.

Unknown God. 미지의 신

미지의 신은 람타의 선조들인 레무리아인들이 알았던 유일신입니다. 미지의 신은 인간의 잊혀진 신성과 신성한 본질을 표현합니다.

Void, the. 보이드

물질적으로 아무것도 없는 광대한 무이지만 잠재적으로 모든 것이 존재하는 상태를 의미합니다. 모/부 원리Mother/Father Principle 참고.

Yellow brain. 옐로 브레인

람타는 분석적이고 감정적인 생각들이 모여 있는 곳인 신피질을 옐로 브레인이라고 말합니다. 이것을 옐로 브레인이라고 부르는 이유는 람타가 두뇌의 기능과 처리과정을 가르칠 때 사용한 2차원적인 만화와 같은 방식으로 그렸던 최초의 그림에서 신피질을 노란색으로 칠했기 때문입니다. 람타는 학습 효과와 이해를 돕기 위해 그림 속의 다른 뇌 부위들을 과장했으며 또한 다양한 색깔로 강조했다고 설명합니다. 이 특별한 그림은 두뇌에 대한 각종 강의에서 사용하는 표준 도안이 되었습니다.

Yeshua ben Joseph. 예수와 벤 조셉

람타는 예수를 그 당시 유태인 전통을 따라 예수와 벤 조셉이라 부릅니다.

그림 해설

그림

[그림 A] 인간의 육체에 있는 7가지 의식 차원

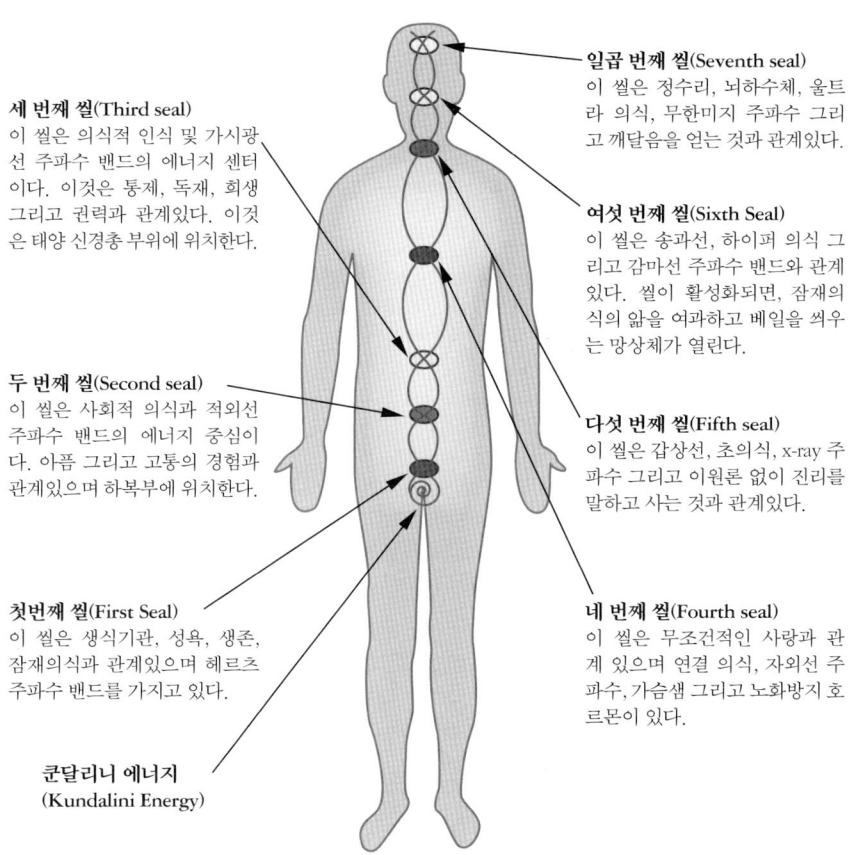

[그림 B] 의식과 에너지의 7가지 단계

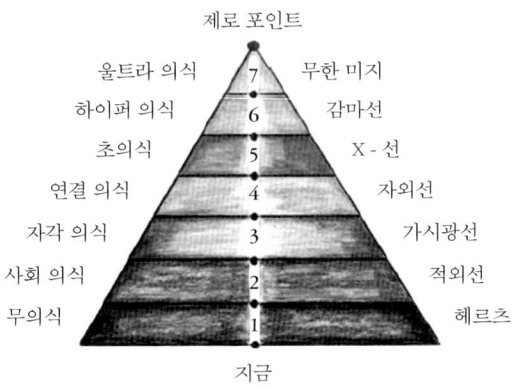

[그림 C] 두뇌

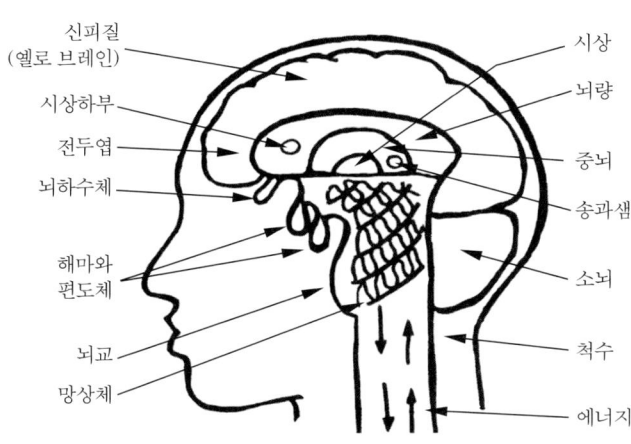

[그림 D] 분리된 마음 — 이미지로 사는 것

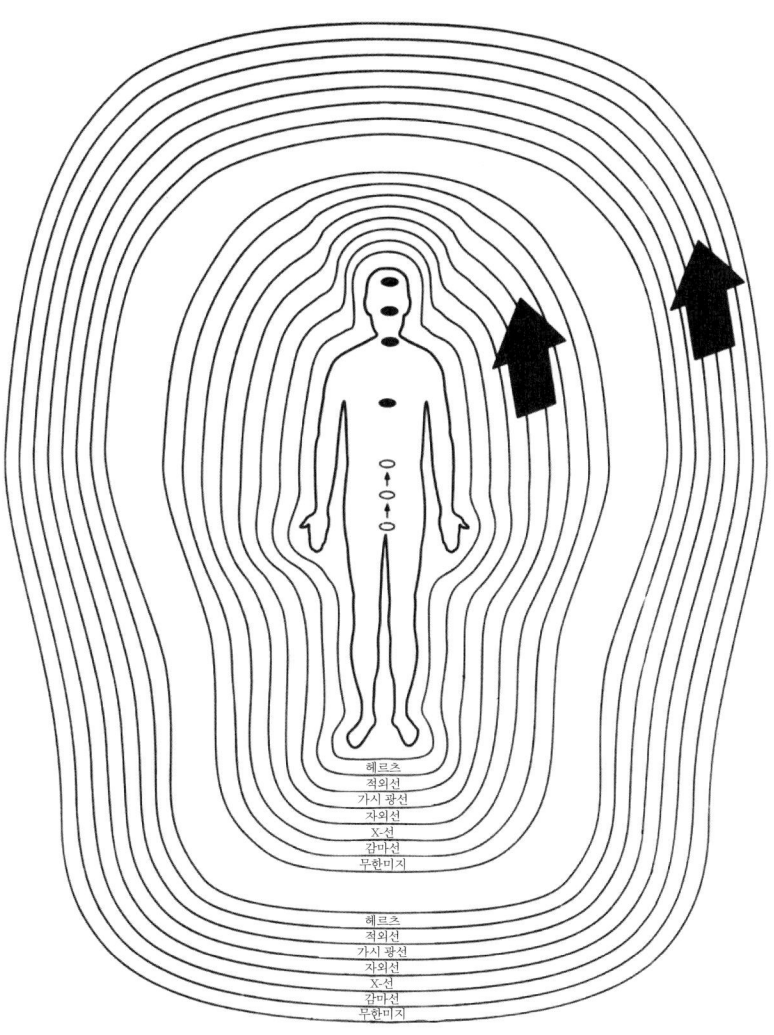

[그림 E] 하나된 마음 — 지금 이 순간에 사는 것

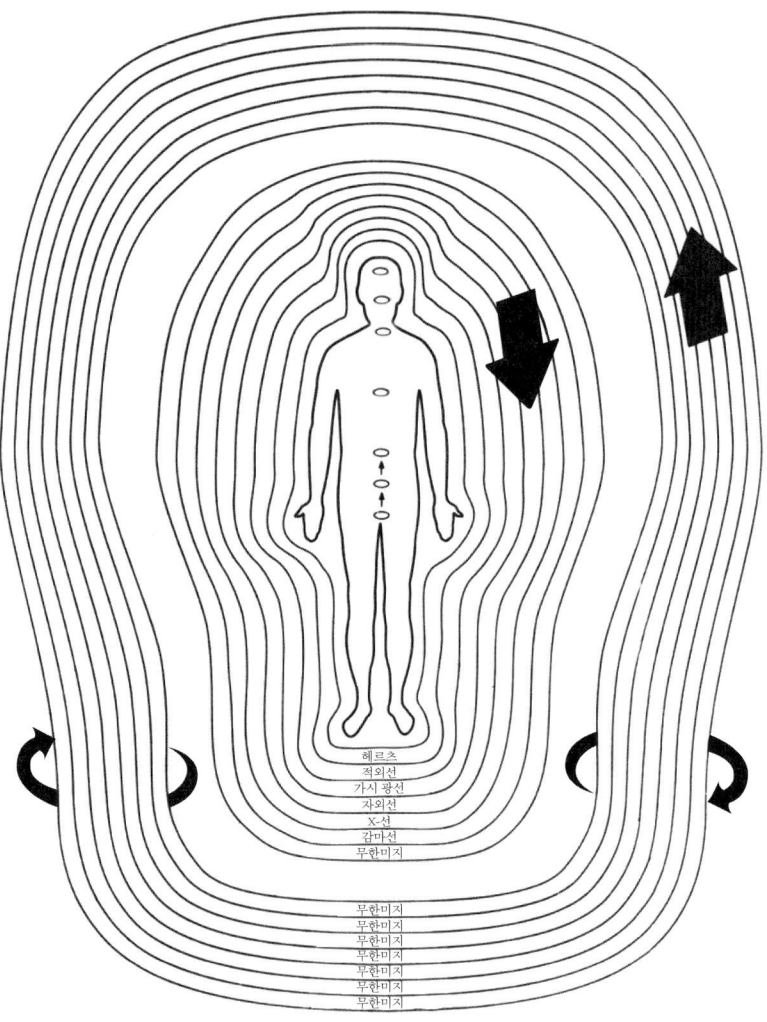

그림

[그림 F] 관찰자 효과와 신경 세포

관찰자는 가능성을 가진 파동 함수를 붕괴시켜
입자로 된 현실을 만든다.

입자   에너지 파동   관찰자

관찰 행위를 통해 신경 세포가 점화하여 생각을 만든다.

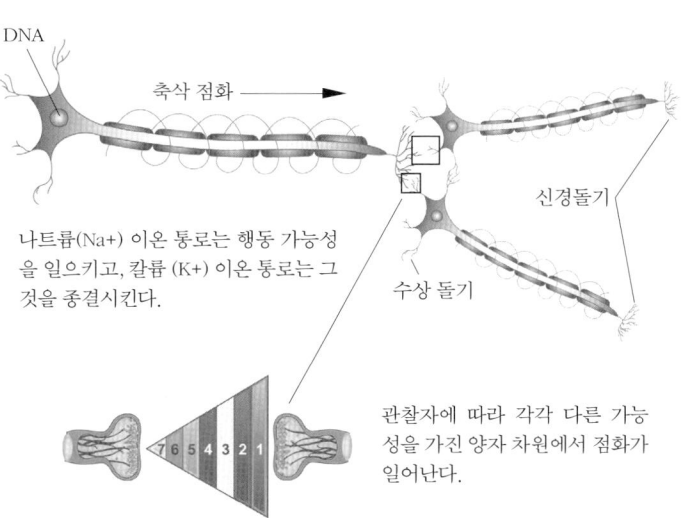

Copyright © 2000 JZ Knight

[그림 G] 세포 생물학과 사고 연결

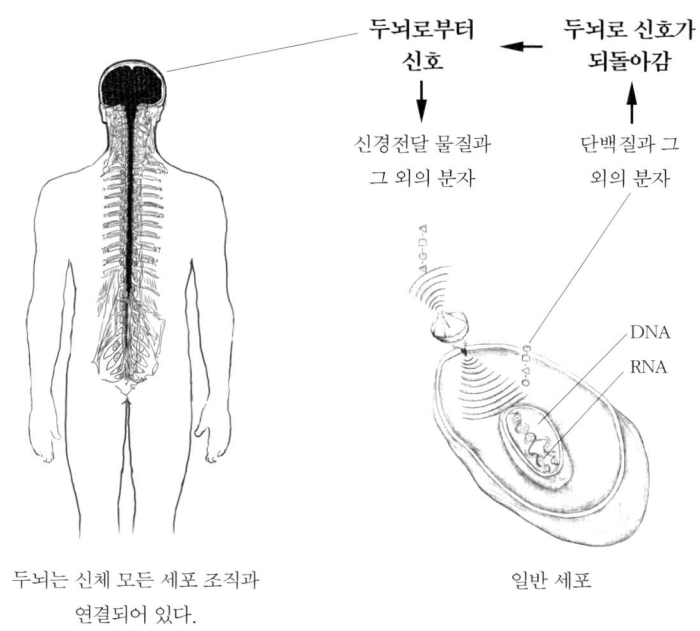

아이커넥의 책들

람타 화이트 북
—람타—

람타 화이트북은 모든 존재의 근원, 우리의 잊혀진 신성, 죽음 뒤의 삶, 진화, 사랑, 의식과 마음의 힘, 자연이 주는 가르침 등 인류의 오랜 질문들을 본격적으로 다룬다.

출간

람타, 현실 창조 입문서
—람타—

이 책은 고대 지혜 학교의 지식과 인류 역사를 통해 전해진 성인들의 지식을 공개하여, 누구나 마스터가 될 수 있도록 이끌고 있다. 람타의 파란만장한 인생 여정과 무한한 신성을 향해 내디딘 그의 발자취와 함께 진정 우리가 누구인가에 대한 미스터리
를 푸는 새로운 훈련법과 지식을 제공하여, 독자를 진정한 나를 찾는 영적 여정으로 안내한다.

출간

파이어 사이드 시리즈
Defining the Master　—람타—

"당신들 모두에게 마스터의 삶이 존재한다"

출간 예정

파이어 사이드 시리즈
Changing the Timeline of Our Destiny　—람타—

"위대한 작업을 통해 현실을 바꾼다"

출간 예정

파이어 사이드 시리즈
FORGOTTEN GODS
Waking Up   —람타—

"관찰자만이 길을 안다"

출간 예정

파이어 사이드 시리즈
Crossing the River   —람타—

"삶의 비밀은 저 멀리 당신 밖에 있는 것이 아니다"

출간 예정

파이어 사이드 시리즈
A Master's Key For Manipulating Time —람타—

"시간여행, 과거와 미래를 바꾼다"

출간 예정

파이어 사이드 시리즈
Making Contact —람타—

"우리의 혼이 갈구하는 것은 무엇인가?"

출간 예정

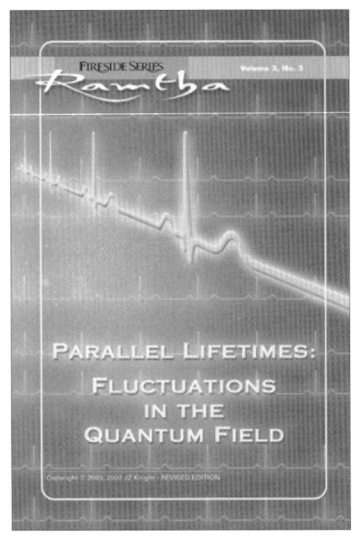

파이어 사이드 시리즈
Parallel Ligetimes : Fluctuations in The Quantum Field
(평행현실 : 양자장의 요동)   —람타—

"누가 위대한 창조의 설계자인가?"

출간

파이어 사이드 시리즈
Who Are We Really?
—람타—

"당신이 신이라는 걸 당신은 모르는가?"

출간 예정

파이어 사이드 시리즈
The True Story of a Master
(Gandalf's Battle on The Bridge in The Mines of Moria) —람타—

"인간 대 관찰자, 그에 얽힌 이야기를 알고 싶다면 반지의 제왕을 읽어라"

출간 예정

파이어 사이드 시리즈
When Fairy Tales Do Come True —람타—

"신데렐라의 넝마가 아름다운 드레스로 바뀌는 것을 설명할 수 있는 것은 수학뿐, 그것이 양자 역학이다"

출간 예정

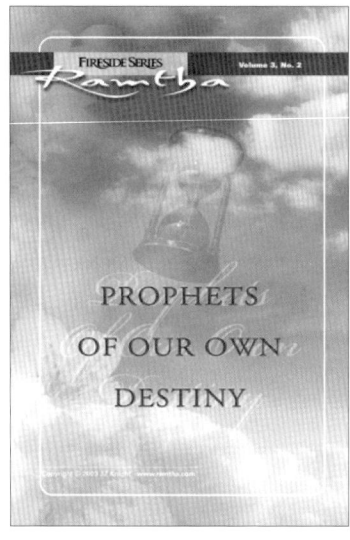

파이어 사이드 시리즈
Prophets of Our Own Destiny —람타—

"보이지 않는 것들로부터 당신을 차단시키는 것, 그것을 제거하라"

출간 예정

파이어 사이드 시리즈
Jesus The Christ : The Life of a Master
—람타—

출간 예정

외계인 인터뷰
―로렌스 R. 스펜서―

1947년 저자 맥엘로이씨는 미 공군 여사단 의무부대 간호장교로 미 공군 509포격사단 파견 근무 수행 중에, UFO 추락 사건 현장을 직접 목격하게 되고, 현장에서 외계인이 보내는 텔레파시를 인지, 이를 받아들인 상부의 지시에 따라 2개월 간 외계인과의 인터뷰 임무를 수행하게 된다. 이 책은 그 인터뷰 사본의 내용이다.

출간

우리 모두를 위한 동화
아침식사는 구름으로
글 로라 에이슨
그림 켄트 시스나
옮긴이 손민서

"구름의 변화 무쌍함과 작가의 상상력으로 장식한 무한한 가능성의 여정에 독자를 초대합니다"

출간

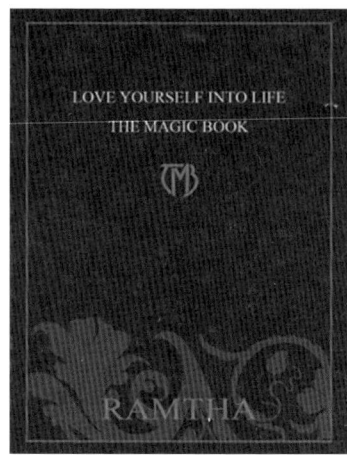

LOVE YOURSELF INTO LIFE
THE MAGIC BOOK
―람타―

질문을 안고 책을 펼치십시오.
어디를 펼치든 당신이 펼친 그 페이지는
당신에게 질문에 대한 해답이나 해답을
얻을 앎을 줄 것입니다.
매직북을 펼치십시오.

출간 예정

옮긴이　손민서

람타 깨달음 학교 학생
파이어 사이드 시리즈 [평행 현실: 양자 장의 요동]을 번역했다.

감수자　유리타

람타 깨달음 학교 한국 코디네이터
[람타, 화이트북] [람타, 현실 창조를 위한 입문서]를 번역했다.